QUINTESSENCES

FÉMININES

PARIS

C. REINWALD ET Cⁱᵉ, LIBRAIRES-ÉDITEURS

15, RUE DES SAINTS-PÈRES, 15

1893

Tous droits réservés

QUINTESSENCES

FÉMININES

A LA MÊME LIBRAIRIE

ET DU MÊME AUTEUR

Le vrai Voltaire, 1 vol. in-8°.... . ...   6 fr.   »

La Vie de Voltaire, 1 vol. in-18. ....   2 fr.   »

La Morale naturelle et la Religion de l'humanité, 1 vol. in-18 ....   3 fr.   50

Blanquisme et Opportunisme, ou la question
sociale, brochure in-8°. — Il reste quelques exem-
plaires au prix de..... ....   1 fr.   »

Simple Métaphysique, trois brochures in-8°.....   1 fr.   »

A la BIBLIOTHÈQUE NATIONALE, passage Montesquieu.

Les Soirées de Saint-Pétersbourg, avec notice
et étude sur J. de Maistre..... .. ..   0 fr.   25

Lettres de Mlle de Lespinasse, avec notice et
étude par E. de Pompery . ...   0 fr.   50

Chez LEMERRE, éditeur, passage Choiseul, 23.

Un coin de la Bretagne pendant la Révolution,
correspondance de M. Audouyn de Pompery avec
son cousin et Bernardin de St Pierre, avec notice.
2 vol. Elzévir avec fac similé et deux photos........   8 fr.   »

Typographie Firmin Didot et Cie. — Mesnil (Eure)

ÉDOUARD DE POMPERY

QUINTESSENCES

FÉMININES

PARIS

G. REINWALD ET Cie, LIBRAIRES-ÉDITEURS

15, RUE DES SAINTS-PÈRES, 15

1893

QUINTESSENCES

FÉMININES

CHAPITRE PREMIER.

COUPS DE PINCEAU ET D'ÉBAUCHOIR, MISE AU POINT.

> Mon cher Dumas, je vous dédie ce chapitre, en souvenir de nos relations d'il y a vingt cinq ans et parce que vous vous êtes toujours occupé de la question féminine.
>
> E. de P.

Le contraste.

Comment l'homme ne serait-il pas séduit par ce visage qui s'éloigne autant du sien qu'il se rapproche de celui de l'enfant? de l'enfant qui est faiblesse, grâce, innocence, naïveté, fraîcheur. C'est le bouton de rose de la fleur humaine.

Avec sa carrure, sa barbe, sa voix forte, son

allure décidée, ses mouvements brusques, son air impérieux, avec ses formes anguleuses, son torse et ses épaules d'Atlas, l'homme présente un frappant et vivant contraste avec la femme.

Le bassin et ses annexes, voilà la partie dominante du corps de la femme, tandis que c'est la tête, la poitrine et les bras qui montrent quel est le rôle de l'homme.

Que serait l'homme sans la femme?

Après l'avoir traitée comme une proie, une bête de somme, une créature inférieure et méprisable, — telle est la condition de la femme du sauvage et des sociétés primitives, — l'homme commence à voir dans la femme un être respectable, charmant, sans lequel sa race ne peut se perpétuer ni s'élever.

Puis, lentement, à la suite des siècles, il finit par ressentir davantage le charme qui rayonne de la femme et les joies enivrantes qui émanent de son amour. Alors commence à se dresser le piédestal de la femme. Alors, avec les changements progressifs que subit la société, se prépare la situation normale, tout à fait propre à la femme. On ne se lassera jamais de s'occuper des femmes, toujours elles tiendront la première et la plus grande place dans les préoccupations de la plupart des hommes.

Tous les arts, toutes les industries leur consacreront la meilleure part de leurs efforts.

Il faut d'abord embellir la femme, lui épargner les peines et les souffrances de la vie. Il faut que son goût délicat puisse être satisfait par les merveilles du luxe, afin que cette moitié de l'espèce puisse toujours attirer l'autre, son complément.

Oui, toujours on chantera, on peindra, on sculptera les femmes, on leur fera des vers et de la prose, toujours on poursuivra la sylphide et la nymphe, on s'agenouillera devant la vierge et on se réfugiera dans le sein de la mère.

Circé.

La femme est la désolation du juste. (Proudhon.) La femme est la porte de l'enfer, dit le Docteur séraphique. Il y a encore le tableau de la tentation de saint Antoine. C'est par la femme que le péché est entré dans le monde. Qu'elle soit maudite! Qu'elle enfante dans la douleur!

Voilà un échantillon des belles injures et des outrages infligés à la femme par les hommes, sous le couvert des religions, des philosophies, des législations.

Il est certain que les joies tirées de la femme ont sur l'homme une telle puissance que souvent celui-ci est entièrement subjugué et qu'il est vrai de dire que les femmes en sont les maîtresses.

Le vin enivre, la femme enivre encore plus. Celui qui s'enivre de vin finit par devenir une brute. Celui qui s'enivre constamment de la femme finit par l'abjection et la crapule.

A qui la faute? est-ce au vin? Est-ce à la femme? Cela n'est pas difficile à juger.

Pourtant que de malédictions, que d'anathèmes n'a-t-on pas proférés contre la femme qui est le patient et contre le vin qui n'en peut mais! Et tout cela pour ne pas mettre la faute sur soi.

Il faut raisonner un peu.

La femme a l'attrait, c'est le don de la nature.

Circé n'a pas changé le sage Ulysse en pourceau mais bien ses grossiers et sensuels compagnons. Cette légende grecque est très claire.

Lorsqu'il n'y a entre l'homme et la femme que les joies de la chair, l'homme tend vers la brute.

Telle est la puissance de l'amour sur l'homme qu'elle peut en faire un pourceau, un cruel satyre, ou bien aussi un petit dieu, un être supérieur en exaltant ses facultés, et en doublant ses forces.

Voyez ce que l'amour a fait d'Henri VIII et ce qu'il a fait de Michel-Ange, de Beethoven, de Pétrarque et de Dante.

L'amour peut élever dans la proportion qu'il abaisse.

Il en est de l'amour comme de toutes les autres passions. Toutes, à l'état normal et dans leur essor régulier, doivent tendre au bien de l'homme et de la société.

L'amour ne fait pas exception. Pour que l'amour soit normal et produise tous ses bons effets, il faut que Dieu soit en tiers entre les deux amants.

Par Dieu il faut entendre la vertu, le juste, le bien, l'humanité, pris dans leur idéal.

Tel était l'amour de Mme Roland et de Buzot : ces deux grandes âmes s'enflammèrent l'une l'autre; mais ils se réservèrent, en conservant leur foi et leur culte pour les grands sentiments qui font l'honneur de l'humanité.

La mère.

Quel doux et profond mystère que celui de la vierge qui devient mère! Un enfant qui va créer un enfant et le porter dans son sein comme en un vivant berceau!

Combien ses entrailles ont dû être remuées, bouleversées, fouillées; combien son cœur a été pénétré, ouvert, pressé, tordu peut-être; combien son cerveau a été troublé, exalté, confondu!

C'est la plus grande époque de la vie de la femme, c'est le nœud capital de tous les anneaux de son existence, c'est la suprême initiation. Jamais elle n'en subira une autre de pareille importance.

La maternité va tout lui révéler au moral comme au physique : c'est le coup de sonde le plus profond que cette enfant jettera dans la vie.

Quel monde d'idées nouvelles et de sentiments inconnus vont envahir sa jeune âme pour la mûrir en une saison ! Sa vue s'est tout à coup projetée au loin, son horizon s'est étendu, approfondi ! C'est comme un lever de rideau sur un vaste et nouveau théâtre. L'amour qui l'a frappée d'abord n'a pu lui porter un aussi grand coup. C'est le *sursum corda* de la femme.

Le sphinx.

Pour bien connaître l'homme, il faut l'envisager dans l'idéal.

En effet, si l'on ne s'arrêtait qu'aux boiteux, aux contrefaits, aux idiots, aux fous, il serait impossible d'avoir une juste idée de ce qu'est l'homme. Il faut le voir *sain de corps et d'esprit,* dans l'action et l'exercice de ses facultés, *il faut chercher l'homme dans les hommes.*

C'est ainsi qu'on doit procéder pour raisonner sur l'homme, son rôle et sa destinée.

L'application de la double méthode analy-

tique et synthétique est ici absolument nécessaire.

De même, comment comprendre le caractère, la situation et la part de la femme dans
l'espèce humaine si l'on ne s'arrête qu'à la
multitude de faits particuliers qui la touchent
et que l'on a constamment sous les yeux? Il
faut embrasser l'ensemble de ces faits, en retenir ce qu'ils ont d'essentiel, de permanent,
ce qui en fait le fonds.

En un mot, il faut voir et comprendre la
femme, dans son double idéal, de vierge attirant l'homme à ses pieds, et de mère, ac-
complissant sa fonction suprême, la création
de l'homme, enfin la voir et la connaître par
la synthèse autant que par l'analyse *et chercher la femme dans les femmes.*

Autrement, le jugement que l'on porte sur
la femme ne peut être qu'incomplet, boiteux
et sans caractère scientifique.

Cette vue synthétique sur la femme porte
sur elle une souveraine clarté.

C'est parce que la femme s'offre à notre
imagination et à nos yeux sous ce double aspect de la vierge et de la mère, aspect vague,

insaisissable, puisque l'objet n'est pas encore
entré dans la réalité tangible, que la femme
nous attire comme un mystère irrésistible, un
sphinx, dont nous brûlons de pénétrer l'é-
nigme. Et le sphinx est d'autant plus impéné-
trable qu'il s'ignore lui-même et qu'il n'est
que l'agent inconscient de la nature. Il obéit à
sa loi, demeure ou va devant lui, en aveugle.

Le caprice.

On s'étonne souvent des caprices que l'on
voit aux artistes, aux femmes surtout. On en
peut pourtant pénétrer les causes.

Ces êtres impressionnables, sensibles, sont
doués par moments d'un pouvoir souverain,
qui leur donne sur nous un empire légitime,
puis ils se voient tout à coup précipités de ces
sommets au rang du commun des martyrs, de
la foule, du vulgaire. Ce contraste les frappe,
les irrite. Ces êtres charmants voudraient toujours être sur les sommets, d'où ils rayonnent
et sont presque adorés comme des dieux.

Ils ne peuvent soutenir ce contraste poignant.

Quoi? déesse il y a une heure et maintenant rien, moins que rien. On ne pense plus à moi. On était à mes pieds, à mes genoux, on me priait, suppliait, on m'adorait, on me prodiguait l'encens.

Et maintenant mon sort est celui du beau jouet, qui a fait les délices de l'enfant, et que sa mobilité, son caprice laissent là, à terre, souvent à moitié brisé!...

Telle est la situation des artistes, surtout des femmes.

Cette situation morale est violente et propre à désaccorder l'organisme moral, de même que les excès de froid et de chaud alternés désorganisent nos tissus vitaux.

Qu'on se représente un roi ordinaire, un chef quelconque, habitué aux respects, aux flatteries, et passant tout à coup de ce rôle à celui d'un personnage secondaire, d'un courtisan. La plupart ne pourraient supporter ces contrastes.

Comment, encore une fois, des artistes éminents, acclamés, des reines de théâtre, des femmes adorées, pourraient-ils soutenir ces éclipses, ces déchéances momentanées, sans en souffrir, sans tenter et sans éprouver le besoin de remonter sur leur piédestal?

De là ces effets, prodigieusement étranges et cependant naturels, qui se remarquent dans la manière d'être des femmes et des artistes.

L'Idéal.

— Pourquoi ne s'est-il pas marié?

— Parce qu'il aimait trop les femmes.

— La réponse est plaisante et semble d'abord une contre-vérité.

— Point du tout, et vous l'allez comprendre.

Il aimait les femmes à ce point qu'il les voulait voir toujours en beau et telles qu'elles devraient toujours être. Or, comme tout ce qui est, la femme a ses moments, les bons et les mauvais, les favorables et les défavorables.

Et, il était si touché du charme et de la beauté exquise de la femme qu'il ne pouvait soutenir la pensée de vivre avec une femme qui ne serait pas toujours à l'état de déesse et digne de toutes ses adorations.

La vulgarité, la banalité, les défaillances, les souffrances, les maladies, les pauvretés d'esprit, les misères morales, chez un tel être, lui paraissaient tout à fait insupportables.

Il redoutait ce contraste effrayant, la déesse et son contraire. Vénus contrefaite et bossue et l'ange devenu bête.

En ne voyant la femme que par échappées et de loin, on est moins exposé à ces contrastes, et l'on conserve pure l'image de la déesse ; on voit presque toujours la femme en beau.

Je crois fermement que si Thomas Moore n'avait pas indignement trahi la confiance de Lord Byron, en vendant *ses mémoires*, à la famille Milbanck, ce qu'eût raconté le poète au sujet de son mariage et de sa séparation confirmerait ce que je viens d'exposer.

Une nature telle que celle de Byron, quoique foncièrement bonne et bienveillante, ainsi que le prouvent nombre d'actes de sa vie si courte, une telle nature était trop impressionnable, trop vive, trop impétueuse, trop artiste et trop idéaliste, pour pouvoir se claustrer dans l'existence d'un ménage à l'anglaise.

Avec tous ses mérites et toutes ses grâces,

Miss Milbanck ne pouvait demeurer la déesse éternellement idolâtrée par le peintre des amours d'Haydée. Manifestement, un jour ou l'autre, Byron devait sortir de cette coquille nacrée, en la brisant peut-être.

Pour en bien juger définitivement, il aurait fallu lire ce que Byron en a dit et ce dont la déloyauté de Moore nous a privés.

Les hommes de génie, les fortes et puissantes organisations, ne sont pas faits pour filer de la laine éternellement aux pieds d'Omphale, mais bien pour agir comme Hercule, purger la terre des monstres et y faire régner la justice.

Il faut bien le confesser, quelque puissant que soit l'amour à certains moments et à certains âges, l'amour ne peut pas occuper toute la vie et ne saurait la comprendre.

Voyez-vous un Aristote, un Archimède, un Pythagore, un Homère, un Raphaël, un Mozart, un Beethoven, un Byron, un Molière, etc., passer toute leur vie aux pieds d'une femme, digne de toutes les adorations, je le veux bien?

Cela serait absurde, pitoyable, honteux et ridicule.

Les hommes de génie sont faits pour autre chose que pour mourir d'amour, écrasés et déconfits par leurs idoles. Et que deviendrait la société humaine sans le concours nécessaire de ces hommes privilégiés?

Il ne s'agit pas de crier : A bas l'amour! D'ailleurs il saura bien se faire toujours sa place; mais il faut qu'il y reste à cette place et n'envahisse pas toutes les autres.

Le bien, la vérité, la justice, l'humanité, le progrès et la conservation de l'espèce ont bien aussi leur importance.

Le rondel de Clément Marot et la Galathée de Virgile.

Un doux nenni, avec un doux sourire,
Est tant honnète; il vous le faut apprendre,
Quant est de oui, si veniez à le dire,
D'avoir trop dit je voudrais vous reprendre.
Non que jé sois ennuyé d'entreprendre
D'avoir le fruit, dont le désir me poing,
Mais je voudrais, qu'en me le laissant prendre,
Vous me disiez : Non, vous ne l'aurez point.

Dans sa naïve allure, ce charmant rondeau

marque très bien la situation qui caractérise les deux sexes.

Pour se mieux donner, pour qu'il n'y manque rien et afin d'y mettre du piquant, la femme se refuse d'abord. Instinctivement, elle stimule le désir de l'homme, l'aiguise et cherche à le pousser au paroxysme.

Et l'homme, inspiré par dame Nature, comprend si bien ce jeu que Marot nous le dit et explique en toute gentillesse et simplesse.

La Galathée de Virgile n'agit pas autrement. Elle jette une pomme à son berger et s'enfuit se cacher sous les saules, mais avec le désir d'être vue. Voilà tout le secret de ces aimables jeux de l'amour. Souvent, la bouche dit non, tandis que les yeux disent oui.

Sensible progrès.

Par ruse ou par force, le sauvage s'empare d'une femme, comme d'une proie. Cet acte lui compte comme une victoire. Le barbare enlève et ravit sa femme ou quelquefois l'achète. Le semi-barbare agit de même. Il faut arriver aux premiers rudiments de civilisation pour qu'il s'établisse sous ce rapport des changements sérieux. Le Romain payait une dot aux parents de la jeune fille, et s'il la répudiait il était obligé de rendre la dot.

Ce n'est que dans nos civilisations modernes qu'on en est arrivé à reconnaître à la jeune fille le droit de s'appartenir. Elle ne peut être mariée sans son consentement exprès, constaté par un acte public.

Lorsque l'on se reporte en arrière, quand on y songe, quel progrès considérable! Et combien ce progrès ajoute aux charmes des relations des sexes!

Il faut faire sa cour, il faut plaire. D'autre part, la jeune fille se sentant maîtresse d'elle-même, se voyant recherchée, peut s'armer de tous ses moyens de plaire. Le feu s'attise et grandit. La nature pousse l'un vers l'autre les deux partenaires, c'est le fait dominant. Mais il y a les hésitations, les malentendus, les anicroches venant de l'extérieur. Le duo dure plus ou moins longtemps, avec des péripéties diverses, avec des espérances et des découragements marqués par des jours de joie et des nuits d'angoisses. Enfin, on arrive à l'unisson. Après s'être bien tourmentés, bien cherchés, l'accord est fait et parfait. Et alors, quelle joie intérieure et débordante! quels regards! quelles pressions de main! et parfois un furtif et délicieux baiser! En ce moment d'attente on vit dans une sorte d'extase, on n'habite plus la terre, on touche au septième ciel.

Tel est l'effet de ce progrès social considérable, le respect et le commencement de la liberté de la femme.

Les querelles des amants.

Pourquoi les amants sont-ils toujours en querelle? et pourquoi cela recommence-t-il sans cesse?

Remarquons d'abord qu'il y a l'ineffable douceur des raccommodements, qui a bien son prix, mais le vrai et profond motif de ces querelles est tout entier en ce point.

Chacun des amants se donne si entièrement, avec tant d'enthousiasme, qu'il s'imagine aisément qu'on ne lui rend pas assez et en proportion de ce qu'il éprouve pour son partenaire. Et comme les nerfs sont à vif, et qu'on est sur le gril, l'imagination va bon train, on s'emporte vite. On passe en quelques instants par toutes les notes de la gamme majeure et mineure. On semble prêts à se prendre aux cheveux ou à se tuer de désespoir. On gémit, on pleure, on calomnie, on imagine cent folies, et même cent crimes contre l'amour, l'amour sacré et juré mille fois.

Puis tout à coup, au milieu des larmes, des reproches, des ironies cruelles, un geste, un sourire, un mot survient, et cette soupe au lait, tout emportée, s'apaise par enchantement. Enchantement est le mot propre : on se donne la main, on s'embrasse. De l'enfer on entre dans le paradis... quitte à recommencer de plus belle. Dame! on est si susceptible quand on aime bien!... Et puis, il est si doux de se raccommoder!

CHAPITRE II.

L'ÉTERNEL FÉMININ.

I.

Dieu sait tout ce qu'on a dit, écrit et chanté, tout ce qu'on a fait à propos des femmes; et non sans raison, puisqu'elles forment la plus belle moitié de notre espèce à deux pieds, sans plumes.

Des femmes viennent tous nos biens, tous nos maux. Ce sont des anges, des démons; elles sont douces comme le miel, amères comme la mort. Il faut leur dresser des autels ou les précipiter au fond de la mer, car elles sont perfides comme l'onde. On les exalte, on les maudit; et depuis qu'il y a des poètes et des artistes, il n'en est pas un qui ne leur ait consacré la meilleure part de son temps, de sa pensée et de son talent.

De ce concert un peu confus, ressort, avec la clarté la plus évidente, l'importance de la question féminine. En effet, n'est-ce pas par la femme que l'homme est quelque chose, et n'est-ce pas pour elle qu'il fait le plus de choses?

Je veux parler des femmes sérieusement, mais non doctoralement. Foin du pédantisme, toujours et partout. En un pareil sujet, je suis loin de dire aussi léger, mais aussi subtil et lumineux, le pédantisme serait mortel.

Mais, va m'objecter une aimable lectrice, vous ne pouvez bien parler de nous puisque vous êtes homme; car, de deux choses l'une : ou vous nous aimez; et alors, trempant votre plume dans l'azur, vous allez vous perdre dans le dithyrambe et le lyrisme; ou bien vous nous haïssez, et vous tomberez dans la malédiction et la satire. Vous ne sauriez être impartial; c'est aux femmes à parler des femmes.

—Pardon, Madame; mais je crois tout à fait que c'est aux hommes qu'il appartient de parler des femmes, parce qu'ils s'y intéressent beaucoup plus passionnément que les femmes elles-mêmes. Or, on ne connaît bien que ce qui nous touche profondément ; on ne parle bien que de ce qu'on aime avec passion.

— Enfin, Monsieur, tout cela est bel et bon ; mais aimez-vous ou haïssez-vous les femmes ?

— Vous m'accorderez, Madame, que le marin qui n'a pas connu les périls de la mer et même un peu fait naufrage, que le soldat qui n'a pas veillé sur les champs de bataille et n'y a pas été plus ou moins blessé, seraient l'un et l'autre assez mal venus pour nous parler pertinemment de leur état.

Quant à moi, à l'exemple d'un honnête chevalier de Malte, j'ai fait mes caravanes dans le pays de Tendre ; j'ai aimé, j'ai été heureux, j'ai souffert et je ne hais point ; par-dessus je suis un peu philosophe et...

— Philosophe, qu'est-ce que c'est que ça, et à quoi cela peut-il être bon ?

— A bien voir, à bien juger, sans parti pris, avec désintéressement.

— Par Vénus ! c'est beaucoup.

— Êtes-vous satisfaite, et cela suffit-il ?

— Nous verrons bien.

Mais, je commence sans plus tarder, après cette courte invocation : Éros, fils de Vénus, père des dieux et des hommes, éloigne de moi le madrigal et l'épigramme, l'élégie et la satire. Que mes accents soient l'accent de vérité, et mes paroles des paroles nouvelles!

Le premier nom de la femme est beauté. Je suppose qu'il soit question d'une femme, qu'on soit dans l'attente d'une inconnue, quelle sera la seconde interrogation faite à son sujet? Je l'ignore; mais je sais quelle sera la première, je ne dis pas de la part des hommes, mais de celle des femmes les plus sérieuses ou les plus prudes : *est-elle jolie ?*

Cela est immanquable, parce que la chose est naturelle. Qu'on me lapide si j'ai menti.

Dès qu'une femme est en vue, aussitôt apparaît avec une radieuse clarté l'influence de la beauté, attribut caractéristique de la nature féminine. Voici deux reines, à peu près d'un mérite égal; mais l'une est belle comme Marie Stuart; l'autre est de ces femmes dont on ne dit rien, précisément parce qu'elles manquent de charme et n'ont aucune puissance sur l'homme. Qui oserait dire que la seconde aura sur le trône le même rayonnement que la première? Prenez deux reines de théâtre, deux maîtresses d'école, deux sœurs de charité dans des conditions égales ; toujours et partout se manifestera le pouvoir naturel de la beauté.

Celui qui serait dans l'impuissance de mettre aux pieds d'une femme ses adorations, se déclarant prêt à lui rendre ses devoirs, ne pourrait revendiquer le nom d'homme. Tout le monde est d'accord sur ce point. De même, toute femme impuissante à attirer sur elle le regard et le désir de l'homme, ne peut avoir la gloire de faire partie du beau sexe. Un tel homme et une telle femme sont tous deux hors cadre, pour ne pas dire hors nature.

Élevée par sa complexion au-dessus de la tyrannie des sens, participant de la grâce et de l'innocence de l'enfant, destinée à couver l'homme en son sein maternel, comme à faire éclore, à ennoblir, à poétiser son cœur, la femme a d'instinct le sentiment de ce rôle magnifique. Elle sent dans les profondeurs de son âme que la nature l'appelle à être la providence de l'enfant et la joie suprême de l'homme, qu'elle a le pouvoir de le combler de la divine ivresse de l'amour.

La femme tient cette coupe à laquelle sa fai-

blesse ne lui permet pas de puiser aussi largement que l'homme ; mais si elle ne peut ressentir l'amour avec autant de force, c'est elle qui
en est la souveraine dispensatrice. De là sa démarche de déesse, son attitude de reine, son
céleste sourire et le rayonnement de sa beauté.

Semblable à la jeune Vestale, voilée de blanc
et couronnée de verveine, fière et chaste, gardienne du feu sacré qui ne peut brûler ses
mains virginales, tandis qu'il embrase les âmes
et vivifie le monde, telle apparaît la femme à la
foule prosternée des hommes.

La femme est la première poésie qui se révèle
à l'homme et dont il ait conscience ; c'est dans
la femme qu'il se cherche lui-même et qu'il se
voit d'abord... Elle lui est un prisme chatoyant ;
c'est au rayonnement de la beauté, c'est à la
pleine lumière de l'amour qui remplit son âme
et l'élève, que l'homme s'élance dans l'inconnu, à la recherche des divines harmonies de la
création.

II.

On ne peut donner le nom de femme à une

créature qui n'est pas revêtue de cette grâce souveraine, la beauté. Essayez donc de comprendre et d'étudier la femme, lorsqu'elle est dépouillée de tout charme. Autant vaudrait chercher à admirer la fleur dans son germe et le papillon dans sa chrysalide. Quand la beauté n'est pas éclose en elle, la femme n'existe qu'en puissance.

Le charme est tellement la première raison d'être de la femme que, s'il lui fait défaut, ses qualités s'effacent; et que, lorsqu'il resplendit, ses imperfections disparaissent. La virginité et la maternité elles-mêmes, ces deux aspects les plus poétiques de la femme, que sont-ils sans la beauté? Qu'importe la virginité de la laide, et combien moins touchante est la maternité chez une créature à laquelle on ne peut donner, avec Balzac, que le nom de bimane?

Ma fille, il n'y a rien de si aimable que d'être belle; c'est un présent de Dieu qu'il faut conserver, écrivait Mme de Sévigné à Mme de Grignan. Toute mère en dit autant à sa fille, et toute petite fille y croit d'instinct et fait de son mieux pour qu'il en soit ainsi. Quel pouvoir est plus légitime et plus universel que l'empire de la beauté? Les brutes grossières et les esprits mal faits peuvent seuls le contester, de même que les aveugles sont en droit de nier le soleil.

La mobilité de la femme a une cause profonde, et la nature y a mis le sceau mystérieux de sa loi.

En effet, la femme est la suprême joie de l'homme; et, pour conserver sur lui son pouvoir, il fallait qu'elle nourrît ses espérances, éveillât ses craintes, avivât ses désirs. En présence de cet être mobile et vibrant, qu'un rien agite, que tout affecte, qui se renouvelle sans cesse, l'homme, le cœur ému, l'imagination inquiète, se sent toujours actif. Sans doute, il a vaincu; mais sa victoire l'oblige à de nouveaux triomphes. Rien n'est fait tant qu'il reste à faire.

Une entière sécurité, jointe à la monotonie, ferait tomber la passion; bientôt apparaîtrait la triste satiété, qui précède le dégoût. Cet état de mobilité, d'incertitude, maintient la passion à son diapason normal.

Le calme de ses sens, sa forme ondoyante, son impressionnabilité, tout concourt à faire de la femme quelque chose d'indéterminé et

de flottant comme un nuage, de fluide, d'insaisissable et de lumineux comme l'éther.

★
★ ★

Dire d'une femme qu'elle est coquette, jalouse, méchante. qu'elle n'aime personne,
qu'elle est hypocrite, infidèle et sotte, tout cela
c'est péché véniel, et vous sera pardonné, si
vous ajoutez qu'elle est belle. Mais si vous dites
d'une femme qu'elle ne plaît point, qu'elle n'a
jamais plu ni ne plaira à personne, en un mot,
qu'elle est laide, voilà le péché mortel qui ne
vous sera jamais pardonné.

Pourquoi? Parce que Beauté est le premier
nom de la femme, parce que régner par le
charme est le plus doux et le plus envié, comme
il est le plus légitime des pouvoirs.

Elle est belle! Aux yeux des hommes, ce trait
de lumière, projeté sur la femme, répond à
tout, explique et excuse tout comme il transforme tout.

Est-il une femme qui consentît à perdre sa
beauté pour acquérir un autre avantage?

A qui doit-on le plus de reconnaissance? à

qui vous a fait le plus grand bien. Or, quel est le plus grand bien de ce monde, n'est-ce pas d'aimer? Donc, qui vous a ouvert le cœur et rendu capable d'amour, vous en a fait sentir la douceur, éprouver l'ivresse, vous a fait le plus grand bien?

Et il y a des gens qui s'étonnent encore de la puissance de la femme!...

Toute femme a été reine, ne fût-ce qu'un jour, ne fût-ce que par le bénéfice de la beauté du diable ou de son printemps. Toute femme a vu au moins un adorateur à ses pieds. Elle a reçu des hommages, et des hommages sincères, à la différence des rois et des grands, qui n'en recueillent pas toujours de semblables. Souvent elle a régné en souveraine obéie à genoux sur un cœur ou sur plusieurs. Il est des femmes dont la beauté a fait époque, dont l'empire s'est étendu fort loin et a duré presque toute leur vie. Telles furent Marie-Stuart, Ninon de Lenclos et Mme Récamier, pour ne citer que ces illustres belles.

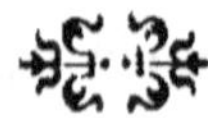

CHAPITRE III.

RÔLE DE L'ÉLÉMENT FÉMININ DANS LES DEUX MOITIÉS DE L'ESPÈCE.

I.

Lorsqu'on veut parler des femmes, il faut tremper sa plume dans l'arc-en-ciel et jeter sur la ligne de la poudre d'aile de papillon. C'est ainsi qu'à propos de l'éloge des femmes par Thomas s'exprime l'enthousiaste, le sensible, le bon et savant Diderot, qui fut l'amant trompé de Mme de Puissieux et l'amant fidèle jusqu'à sa mort de Mlle Voland.

N'ayant pas de poudre d'arc-en-ciel ni de poussière de papillon à ma disposition, je compte m'appuyer sur la science et sur des faits incontestables.

Pour toucher à fond la question de la femme, il faut se rendre compte des faits premiers qui président aux rapports de l'espèce humaine.

Le premier et le plus nécessaire de nos instincts, c'est celui de se nourrir, la faim, qui correspond à la conservation de l'individu. Le second de nos instincts, non moins impérieux et non moins nécessaire, est relatif à la conservation de l'espèce, c'est l'instinct sexuel.

Il se manifeste différemment dans le mâle et la femelle. Chez l'un, il est impétueux, violent, allant jusqu'à la fureur comme s'il impliquait l'initiative d'une fonction suprême. Chez la seconde, l'instinct apparaît par des signes de langueur, de douceur, d'inquiétude, d'abandon provoquant.

Entre l'homme et la femme, tout va dépendre de ces points de départ, et c'est sur cette base première que s'établira le développement de leurs relations.

Pour l'homme, la recherche de la femme sera la plus constante préoccupation de sa vie; ce sera une sorte d'obsession, à laquelle il ne pourra se soustraire que par intervalles. Chez la femme, il en est autrement. Moins énergiquement poussée par le besoin. elle rêvera de l'homme et pourra l'attendre ; mais elle voudra l'attirer. De là pour la femme le désir de plaire, qui dominera toute sa jeunesse, sinon toute sa vie. Allons plus loin.

A ce fait fondamental, il faut ajouter ces deux-ci : La femme tient beaucoup de l'enfant par son impressionnabilité, sa spontanéité, sa plasticité, la mobilité, sa curiosité, et par son besoin d'émotions, en rapport avec sa nature vibrante. Elle s'en rapproche encore par sa faiblesse, sa douceur, son air d'innocence, sa voix argentine et fraîche, ses mouvements gracieux, la finesse de ses tissus.

La femme est comme un terme moyen entre l'homme et l'enfant ; elle participe de tous deux, assurément plus de celui-ci que du premier. Le charme attaché à l'enfant se retrouve en elle avec celui qui tient au sexe, double attrait tout-puissant.

Voici le second fait : modelée et pétrie par les faits, la femme, produit de son milieu, se sent inconsciente et se regarde comme irresponsable. Ainsi, la plupart des femmes (je ne dis pas toutes) sont coquettes, sans penser à mal; elles obéissent à la nature. Oui, la femme est inconsciente, et, en vérité, ne l'est-elle pas autant que l'enfant, autant que la foule, autant que la feuille que le vent emporte?

En vertu de son organisme très vibrant, la femme voit vite le mal et l'appréhende avec anxiété. Puis, grâce à son inconscience, elle sera plus facilement résignée et acceptera son sort, presque sans révolte, surtout avec l'appui d'une religion quelconque.

II.

Si l'on considère les divers états de société traversés par l'humanité, quelle nous apparaît la condition de la femme?

Chez les sauvages, méprisée pour sa faiblesse, servant de bête de somme, de femelle patiente, et de proie s'il y a famine, la femme se plie à toutes les horreurs de cette existence rudimentaire, dont elle est cependant le

lien indispensable par la maternité d'abord,
puis par son activité domestique et sa résignation.

Dans les sociétés barbares, où se voit quelque bien-être, par la domestication des animaux et grâce à des demeures plus stables, à
une subsistance plus assurée, la condition de
la femme devient moins cruelle.

Toutefois, dans les sociétés barbares et celles
qu'on peut regarder comme les premières
ébauches de nos civilisations modernes, le sort
de la femme est toujours subordonné à celui
de l'homme. Les lois et les coutumes sont favorables à celui-ci et maintiennent la sujétion
servile de celle-là. Il n'y a qu'à ouvrir les yeux
pour s'en convaincre. D'après l'histoire, la
femme, toujours étroitement liée à l'homme,
semble ne jouer qu'un rôle secondaire. Et cependant, à y bien regarder, ce rôle, sous
certains aspects, nous apparaît comme le premier. Rien sans elle, puisqu'elle est la matrice
de l'espèce. Et ce n'est pas tout.

Quelle distance de la malheureuse sauvage,
réduite au rang de bête de somme, je ne dis
pas à une reine, mais à une femme de nos

jours, à laquelle sa grâce, sa beauté, son esprit composent une cour d'adorateurs, prosternés à ses pieds! Ici, ce n'est plus la femme qui rampe : c'est elle qui commande en souveraine, et en souveraine obéie avec passion.

Combien le point de départ diffère du point d'arrivée! Quelles longues et pénibles étapes ont marqué la route, on pourrait dire le chemin de la croix, parcouru par la martyre!

Ces situations si différentes ont pour fondement le fait primordial que nous avons constaté, l'instinct reproducteur ou le besoin sexuel, se manifestant chez l'homme et chez la femme conformément à la diversité de leur organisation.

III.

De tout ce que nous venons d'exposer, il faut conclure qu'à l'heure qu'il est, le droit de Beauté existe pour la femme, que par les usages ce droit lui est reconnu à l'envi, je pourrais dire avec enthousiasme.

Parer la femme, lui procurer toutes les ressources propres à mettre ses charmes en relief, c'est le but le plus général de l'industrie et de l'art. Il est vrai qu'entre toutes les merveilles créées par l'une et par l'autre, c'est la femme qui est la plus précieuse. Tout ce qui l'entoure ne lui est qu'ornement et accessoire. Un salon, une fête sans femme, ce serait comme un printemps sans fleurs et sans soleil.

Mais on réfléchit si peu, on va si vite, qu'on ne se rend guère compte des causes, de l'espace et du temps qui séparent la sauvagesse des sociétés primitives de la femme de nos jours.

La brillante corbeille de noce a remplacé le dur lien d'écorce, avec lequel le sauvage attache la pauvre créature qu'il s'est appropriée par surprise ou par violence. Cette corbeille est l'un des signes du triomphe de la femme et du pouvoir de la Beauté.

Un autre signe des temps, c'est la mode, la mode qui fait la loi à tout l'univers féminin, et ce n'est pas sans motifs.

En effet, la mode est pour la femme un moyen de se renouveler, de se rajeunir. On peut dire que la mode est l'arsenal de la femme, dans lequel elle puise sans cesse des armes nouvelles, pour ce combat où elle doit attirer l'homme et le dompter.

Au printemps, à l'apparition des robes claires et des toilettes légères, les femmes nous semblent tout autres. C'est un renouveau. Aux approches de l'hiver viennent les velours et les fourrures dans lesquelles s'enroulent et s'enveloppent les femmes, comme de petites chattes blanches. C'est une métamorphose pleine de surprises. La mode constitue assurément une des bases de l'empire féminin.

IV.

Combien il est difficile de ne pas porter un faux jugement sur les femmes! Quelles causes d'erreurs dans la complexité et la mobilité de la nature féminine!

La femme est à la fois un enfant, une mère et une femme, c'est-à-dire une créature faite pour attirer par le charme. Cette nécessité de plaire implique pour la femme une vibrante spontanéité, de la souplesse, de la finesse, du goût et des instincts divinateurs.

Dans l'espèce l'élément féminin est l'élément fluide par excellence. Il tourne les obstacles, il comble les vides, il élève les petits et abaisse les forts, soutient les faibles et porte secours de tous côtés, toujours à son œuvre d'union et toujours sacrifié. C'est l'élément plastique, destiné à souder toutes les parties de l'espèce humaine. La plasticité de la femme est pareille à celle de la cire, qui est propre à recevoir toutes les empreintes.

Voyez la femme dans l'état sauvage, barbare, à l'état plus ou moins civilisé; là où dominent soit la polygamie, soit la monogamie, ou même la polyandrie; observez-la dans les diverses sociétés religieuses, fétichistes, polythéistes, monothéistes, que ce soit chez les Druides, ou les Incas, chez les Juifs, les Boudhistes, les Musulmans, partout nous la voyons se plier docilement à ces conditions si diverses, se faire à ces mœurs si éloignées les unes des autres.

La femme sera ascète, nonne, quakeresse, pythie, sorcière, prêtresse de Vénus, prophétesse, amazone et guerrière, servante, esclave, bête de somme et reine.

Elle subit les contre-coups des vices et des crimes de l'homme et aussi les contre-coups de ses vertus.

Affolée, odieuse, criminelle ou bien martyre et sublime héroïne, elle montera à l'échafaud avec Mme Roland, Charlotte Corday, Marie-Antoinette, ou se fera remarquer parmi les tricoteuses de la guillotine ; par aventure, deviendra cannibale par fanatisme, comme il est arrivé à Palerme en 1864. Des femmes furieuses ont fait mourir sous leurs morsures des soldats ligottés.

Grâce à sa prodigieuse malléabilité, la femme peut passer par toutes les dégradations, sans en être marquée d'une manière ineffaçable, comme cela se voit le plus souvent chez l'homme. Facilement héroïque et sublime, de même elle se montre abjecte et ignoble. Mais chez elle tout passe et s'efface comme les rides sur le miroir des eaux.

Dans son aspect général, la femme nous apparaît comme la grande inspirée, la grande aveugle, la grande inconsciente. Elle va en avant et marche de tous côtés sous l'impulsion de la nature, le sourire aux lèvres, des pleurs dans les yeux et toujours résignée.

V.

L'homme cherche avidement et toujours le bonheur. C'est la loi de son être, et la femme y peut beaucoup.

En effet, après les joies sublimes de l'homme qui se dévoue à ses semblables, à la justice, à la vérité; après les joies du savant, de l'artiste, de l'industriel au génie créateur, rien ne peut être comparé aux délices et aux jouissances de l'amour. Ces dernières exercent un tel empire sur nos âme sque leur perte ou leurs excès ont produit souvent, au milieu de souffrances indicibles, la dégradation ou la mort de ceux qui les ont éprouvées.

L'amour, tel qu'il a pu se développer par le degré de culture de nos civilisations, embrasse une sphère très vaste. Nos facultés et nos sentiments de tout genre prennent part à l'action. C'est tout un poème.

Nouveau Pygmalion, l'homme crée une déesse, aux pieds de laquelle il dépose des fleurs et brûle des parfums, ne se trouvant jamais satisfait de ses adorations. De quels beaux rêves la belle âme de Don Quichotte ne s'est-elle pas enivrée au sujet de Dulcinée du Toboso!

Dulcinée, direz-vous, n'était qu'une vulgaire maritorne, en ceci, ajouterais-je, semblable à tant d'autres qui ont joué le même rôle. Je le sais comme vous, mais ce qui est vrai, ce qui a porté au comble l'extase des amants, c'est l'idée qu'ils s'étaient faite, chacun selon sa mesure, d'une créature admirable, au-dessus de toutes les perfections physiques et morales.

Il est inutile de recourir à la fiction, à la poésie, pour caractériser cette situation des deux moitiés de l'espèce.

Qui ne connaît l'histoire des amours de Dante et de Béatrice, de Pétrarque et de Laure, de Michel-Ange et de Vittoria Colonna. Ces histoires légendaires d'illustres amants ont rempli le monde de l'expression de leurs ivresses et de leurs souffrances.

Plus près de nous, le sublime et malheureux

Beethoven a marqué de ses enthousiasmes et de ses désespoirs cette situation suprême de l'homme, impérieusement poussé vers la femme par les énergies de sa nature, élevant son âme et fouillant son cœur, exalté et désespéré à la fois, aspirant toujours et jamais assouvi, plaçant si haut son idéal de beauté et de bonheur qu'il craignait de ne pouvoir jamais l'atteindre, mais conservant jusqu'à la fin ce feu sacré de l'amour qui vivifie tout, console de tout, et vous fait mourir de douleur et de joie.

Reconnaissons que cette folie de l'amour, capable de produire de si grands effets, a pour base l'appétit sexuel. Ce point paraît bien petit; mais il en est de lui comme de la feuille de figuier, premier vêtement de notre mère Ève. Quel joli développement a reçu et reçoit tous les jours cette petite feuille de figuier!...

Quand la femme veut plaire, c'est alors que toutes ses facultés s'éveillent; quand elle sent qu'elle plaît, c'est alors que ses facultés atteignent leur maximum d'intensité. Pourquoi? Parce que le désir de plaire est la plus constante et la plus essentielle de ses passions.

Le besoin sexuel et le besoin de plaire, voilà l'étoffe. Les brillantes et capricieuses broderies, les couleurs chatoyantes sont le produit du sentiment et de l'imagination. Mais, sans l'étoffe ou l'instinct, la broderie serait impossible. Il faut le bien voir et le bien retenir.

Quelles variations infinies ne fait-on pas sur ce thème de l'amour! Le rapprochement qui le caractérise constitue le lien le plus intime, comme il est le nœud le plus fort qui unisse les deux moitiés de l'espèce. Et cela doit être puisqu'il est le plus nécessaire.

VI.

Une sorte de mystère enveloppe la femme comme l'Isis voilée des Égyptiens.

En toute femme il y a la vierge et la mère, c'est-à-dire d'une part le charme, la beauté, le suprême attrait, et de l'autre la source de la vie, la Vénus féconde, la terrestre Cybèle, la vigilante Cérès.

Quoi de plus mystérieux que la génération,

avec ses causes profondes, ses influences obscures, les modifications intimes qu'elle produit!

La mystérieuse Isis enferme encore autre chose sous les plis multiples de ses voiles. Que deviendra-t-elle? Quelle sera sa destinée? Que sortira-t-il de cette chrysalide humaine, dont les circonstances vont favoriser ou contrarier l'éclosion?

Allons-nous voir paraître Jeanne d'Arc ou Cornélie, Élisabeth ou Marie Stuart, Malibran ou Rachel, George Sand ou Rosa Bonheur, car la mystérieuse Isis contient tous ces types et bien d'autres, tant est grande la plasticité de la nature féminine, tant les germes qu'elle recèle sont divers et merveilleux?

Toutefois, les caractères premiers, indélébiles, de la femme seront toujours la vierge et la mère.

Sans vierges et sans mères, point d'hommes au moral comme au physique. Telle, sous une apparence secondaire, nous apparaît l'importance capitale du rôle de la femme dans l'humanité.

VII.

Le degré de civilisation d'un peuple peut se mesurer exactement sur la condition sociale des femmes.

Que voyons-nous chez les sauvages? L'homme s'avance à cheval, des plumes ornent sa tête altière, son visage est peint de couleurs voyantes, il porte un arc, des flèches, une lance, un tomahaw. Sa compagne, triste et résignée, chargée de quelques grossiers ustensiles, portant et traînant ses petits enfants, le suit à pied.

La force prime le droit. Témoignage affreux, image éloquente de ce que représente cet axiome du passé, si cher à Bismarck.

Le pendant de ce tableau des misères et du servage de la femme, c'est celui d'Hercule filant aux pieds d'Omphale, ayant remplacé sa massue par la quenouille victorieuse de sa maîtresse. Ici le droit prime la force, et les choses sont à leur place. L'attrait commande et l'obéissance est passionnée.

Telle devrait être la loi de tous les rapports des hommes.

Ce tableau du triomphe de la femme sur l'homme, tombé à ses pieds, doit être complété par celui de la jeune mère, berçant dans ses bras et sur son sein gonflé de lait le doux fruit de l'espèce, l'enfant, qu'elle a couvé avec amour et qu'elle comble de soins et de caresses. Quoi de plus gracieux et de plus charmant que la *madonna col bambino?* Aussi la religion s'est-elle emparée de cette manifestation touchante et supérieure de la vie humaine.

Je sais bien que toutes les femmes ne sont ni belles, ni vertueuses, ni mères, comme il n'est que trop visible que tous les hommes ne sont ni justes, ni bons, ni capables. Mais ce n'est point ainsi qu'il faut voir les choses. Il faut les prendre en elles-mêmes dans leur essence et généralité, et non en épiloguant sur des cas particuliers, sur un accident, sur telle ou telle phase de la vie de l'espèce humaine.

C'est de ce point de vue que ce livre et spécialement ce chapitre ont été écrits. C'est pourquoi ils portent le titre de Quintessences.

En résumé, des deux moitiés de l'espèce, la première veut à tout prix et à toute force posséder la seconde, et celle-ci éprouve le besoin impérieux d'être soutenue et embrassée par l'autre, afin qu'il en résulte la continuation de l'espèce, conformément au plan de la nature.

CHAPITRE IV.

LA BEAUTÉ HUMAINE.

I.

Phryné coupable et sur le point d'être condamnée, est tout à coup découverte par son
avocat. Sa beauté frappe et illumine l'Aréo-
page. Ce que n'avait pu faire l'éloquence de
l'homme est accompli par la beauté de la
femme.

Le même phénomène se remarque à propos
de Marie Stuart.

Odieuse par ses perfidies, cette femme qui
attira dans un piège son mari pour le faire
assassiner par son amant, elle reste sympathique dans l'histoire. Elle repousse et on lui
pardonne parce qu'elle fut belle et malheu-

reuse. On lui pardonne encore parce que ce qu'il y eut d'ignoble en sa conduite, tient à l'horrible époque où elle vécut. Mais, si Marie Stuart n'avait pas été belle, si cette beauté consacrée par l'histoire n'était pas venue jusqu'à nous, je le demande, qui s'en occuperait?

Dans l'ordre de la nature et par rapport à leurs fonctions, toutes les créatures doivent être regardées comme belles. L'homme est donc beau, je ne le conteste pas. Mais si nous nous plaçons au point de vue esthétique, si nous jugeons des formes par les lignes qui les engendrent, il faut reconnaître que la femme est plus belle que l'homme.

Le grand physiologiste, Carus, a fait ressortir un des premiers combien les formes du squelette humain attestaient la supériorité de notre espèce sur le règne animal. Les os de l'homme sont seuls terminés par des courbes d'ordre supérieur, comme il convient à la dignité de son rôle, à la grandeur de ses fonctions sur le globe. L'enveloppe féminine est déterminée par des courbes d'un ordre plus élevé que ne l'est la forme masculine. Cela est surtout sensible dans le col, les bras, le torse, sur lequel se soulève épanouie la fleur sacrée où s'attache le fruit de l'espèce pour y puiser la vie, où le désir appelle les lèvres et la main de l'homme.

II.

Maintenant, il ne faut jamais perdre de vue cette considération capitale, que la beauté et le charme de la femme sont des conditions tellement essentielles à l'humanité que, dès qu'on en fait abstraction, la société devient tout simplement impossible, parce qu'on supprime du même coup le plus général et le plus vif stimulant de l'activité de l'homme.

En dehors des besoins physiques, aiguillons aussi énergiques que de peu de portée, l'homme est attiré dans la voie de sa destinée par le beau, le juste et le vrai. Or, si le juste et le vrai sont des mobiles de l'ordre le plus élevé, ils n'ont d'action que sur peu d'individus ou par courts intervalles chez le grand nombre.

Il n'en est pas ainsi du beau; il prend tout l'homme, il agit sur ses sens et ne touche pas seulement au côté moral et intellectuel de son être comme le vrai et le juste.

Ici se découvre toute l'importance de la beauté de la femme.

A son origine, l'homme, grossier et sauvage, n'admire que la force. Faible, désarmé, en lutte avec la nature pour ses premiers besoins, ayant pour compagne un bimane sans charme et sans vigueur, ce qui le frappe d'abord, c'est la force brutale. Le fort est son dieu, il l'exalte et se soumet à lui.

Aussi, les premières idoles ont-elles toutes symbolisé la force, puis la fécondité. Ce n'est qu'après avoir largement arrosé la terre de ses sueurs, que l'homme a élevé des temples à la beauté. Tant que l'homme adore la force, tant qu'il s'enorgueillit de sa vigueur physique comme de la suprême qualité de son être, l'homme est bien faible et bien misérable devant la nature et en face de lui-même. Ce n'est pas par le dynamomètre et la puissance de son coup de poing que l'homme donne la mesure de sa force, mais bien par la vigueur

de son intelligence, la noblesse de ses sentiments et son degré de sociabilité.

L'homme acquiert par lui-même la notion
de la force, mais c'est surtout de la femme
qu'il reçoit celle du beau, car la femme est
l'être le plus semblable à lui-même, celui dont
la beauté le frappe tout d'abord et le touche
le plus.

Cette notion du Beau le saisit tout entier.
Et il ne fallait pas moins pour faire équilibre
au culte primitif de la force brute.

Quant à *se faire beau* lui-même, l'homme
ne le recherche que lorsqu'il est encore sauvage et barbare. Il se tatoue, se peint le visage, il se hérisse de plumes et se couvre de
peaux de bêtes. Une horrible caricature est le
résultat de ce contre-sens.

A mesure que l'homme s'éclaire et se civilise,
il se fait intelligent et producteur. C'est à la
femme qu'il appartient d'être belle et de se
parer. Elle est le charme, il est la puissance.

Dès que des conditions d'existence moins
mauvaises ont permis la transformation du
bimane, dès que la beauté, c'est-à-dire la
femme, a pu se manifester, tout a changé de

face. Une nouvelle vie s'est emparée de l'espèce humaine, le sang a circulé plus chaud dans les veines de l'homme, son cerveau a été vivifié par des effluves inconnues. Il s'est produit en lui une sorte de *fiat lux*. Transfiguré lui-même, il a tout modifié dans le rayon de sa puissance.

Le culte de la beauté a exigé tout le déploiement de son activité. Il a fallu plaire à la femme, la conquérir, l'orner, lui dresser des autels.

Du jour où la femme apparaît dans sa beauté, l'industrie et l'art de l'homme ont un but direct, immédiat. Il a pris cœur au travail et son ardeur n'est pas plus près de s'éteindre que l'avidité de la déesse pour son culte.

A tout prix, il faut qu'elle soit belle, comme à toute force il faut qu'il aime.

De là, ces créations merveilleuses d'un luxe ingénieux. Artistes, poètes, ouvriers, tous se sont mis à l'œuvre pour le culte de la beauté, pour agrandir sa sphère d'action et faire rayonner sur le monde cette splendide manifestation de la vie, le beau dans l'espèce humaine.

La femme est réellement pour l'homme le grand poème vivant, fait pour le charmer, l'ennoblir.

III.

Chose remarquable! dans les climats bénis du soleil, la femme est généralement esclave, dans les climats froids, elle est respectée et adorée.

L'homme du Midi est plus sensuel que l'homme du Nord. En présence de cette fleur brillante qui frémit au souffle de la brise, de ce papillon éblouissant et mobile, de cette enfant volage et rieuse, de cette douce et fraîche fontaine pour ses sens embrasés, l'Asiatique n'a imaginé qu'un moyen sûr de conserver son trésor : le cacher, l'enfouir dans un harem, le sceller sous l'empire des mœurs et des lois.

Par réaction contre ce pouvoir de la femme sur ses sens, l'homme brutal du Midi l'a traitée cruellement. Il l'a enfermée et couverte d'un triple voile ; il l'a frappée de répudiation et de mort, notée d'infamie pour les fautes les plus légères. Par ses idées générales, non seulement il l'a tenue pour inférieure à l'homme, mais il l'a déclarée une créature infirme, vicieuse, incapable de partager avec l'homme les faveurs du ciel. (*Voir* Brahma, Moïse, Mahomet, etc.)

Il en est résulté ce que nous voyons : la barbarie, l'immobilité de la société et l'abâtardissement des races les plus belles. L'homme et la femme y sont également au-dessous de leur destin.

Dans le Nord, au contraire, où les sens, plus calmes, ne dominent pas l'organisme, l'homme a respecté, aimé et protégé la femme. Il l'a laissée libre, il l'a mêlée à sa vie politique, guerrière et religieuse. Il l'a faite prêtresse et regardée comme un reflet de la lumière divine.

Il en a été de la femme comme de la terre et du travail. Là où la terre est la plus féconde, le travail le plus productif, l'homme, sous l'influence d'une nature splendide mais énervante, est demeuré sensuel et artiste.

C'est dans les rudes climats, au contact de la nécessité, qu'il s'est fait fort par le travail et l'industrie, qu'il a créé sa vie morale et développé les grands sentiments de l'espèce.

Le culte de la Vierge-Mère, prenant place à côté du culte ancien au caractère exclusivement mâle, l'institution de la chevalerie, sont dus à l'initiative des races du Nord.

Ce fait a une haute signification, sur laquelle il importe d'arrêter la pensée.

Tant que l'homme est dominé par les sens et ne voit dans la femme qu'un moyen de les satisfaire, tant que le sentiment n'a pas vivifié son être, la vie sociale ne saurait prendre d'extension. Elle est frappée de paralysie. La moitié de l'espèce étant tenue dans l'ombre, l'espèce est boiteuse et ne progresse pas. L'activité de l'homme manque de son plus énergique stimulant, l'amour avec sa poésie, son cortège d'illusions splendides et ses irrésistibles entraînements vers l'idéal.

IV.

Plus l'humanité s'élève en sociabilité, plus grandit sa conception du beau et plus la beauté humaine se raffine et se poétise.

Dans la société antique, l'idée du beau, appliqué à la femme, était à peu près réduite aux belles proportions du corps. L'art semble n'avoir conçu le beau que dans l'harmonie de la forme humaine. Il n'en est plus ainsi chez les modernes. La beauté de la femme est pour nous quelque chose de plus complexe et de plus intime. L'expression des qualités morales et intellectuelles fait de plus en plus partie de la beauté féminine.

Un sot visage sur un beau corps commence à n'avoir guère plus la chance de plaire ; tandis qu'une figure expressive, rayonnante d'intelligence et de sentiments, triomphera de l'imperfection de son enveloppe et s'imposera par un charme mystérieux. Il est probable que Laïs aurait aujourd'hui moins d'adorateurs qu'une aimable Parisienne.

L'art moderne cherche surtout dans la forme l'intime révélation de l'être. Il ne suffit plus, pour être belle, d'avoir une enveloppe plastique irréprochable, il faut que la flamme intérieure anime la statue d'une expression noble, tendre et poétique.

En raison des progrès de la sociabilité, la beauté humaine revêtira des formes toujours plus pures et d'un caractère plus élevé. Le beau ne saurait être plus stationnaire que le vrai et le juste.

La femme représente plastiquement le côté idéal de l'espèce humaine. Terminée par des lignes courbes d'un ordre élevé, sa forme est à la fois plus élégante et plus éthérée que celle de l'homme. Il entre moins de matière pesante dans son organisme délicat et malléable, qui semble naturellement ordonné pour la vibration et l'accord.

La femme possède une mystérieuse spontanéité qui se révèle tout à coup d'une façon éclatante, comme le témoignent l'exemple de Jeanne d'Arc et nombre de sublimes dévouements. La femme vit au sein de l'espèce, semblable à une flamme secrète, tourmentée par l'orage, rabaissée vers le sol par la violence du vent; puis, dans le calme, s'élevant douce et sereine vers le ciel bleu.

La beauté de la femme est comme une divine enveloppe, et représente une face du lumineux Ternaire. Le beau appelle le juste et le vrai, qui lui sont indissolublement unis. C'est pourquoi Platon a dit : « Le beau est la splendeur du vrai, » et pourquoi il faut conclure que la beauté de la femme a pour but suprême d'attirer l'homme dans la voie de son progrès indéfini vers l'Idéal.

La vigueur physique, morale et intellectuelle de l'homme est incontestablement plus grande que celle de la femme. Cette part est telle, qu'il semblerait que l'homme dût écraser la femme du poids de cette supériorité formidable.

Pour lui faire équilibre, la femme n'a que sa beauté, sa douceur et sa faiblesse, sa vibrante spontanéité. Son argile plus fine, plus sonore, plus transparente, s'empare avidement de tout ce qui la touche, et sa forme, plus exquise et plus achevée, en fait le vase d'élection de l'espèce, la gardienne du feu sacré, la Vesta de l'idéal. Cela suffit. L'homme est fort, la femme est belle.

CHAPITRE V.

DE L'INFLUENCE DE LA BEAUTÉ.

Ninon de Lenclos.

On pourrait trouver chez les anciens, à
Athènes par exemple, des preuves remarquables de l'influence de la beauté sur le progrès
social et l'adoucissement des mœurs. Nul doute
que le siècle de Périclès n'ait dû une partie de
son éclat aux femmes et particulièrement à
Aspasie. La philosophie élevée de Socrate, qui
se distingua surtout par son application à la
morale, eût peut-être été moins sensée, moins
humaine, si ce grand esprit n'avait pas ressenti
l'influence de l'illustre hétaïre.

Mais ces temps sont si loin de nous, ces

mœurs sont si différentes des nôtres, qu'une pareille étude aurait moins de portée et d'intérêt, qu'un travail analogue sur une époque plus rapprochée et mieux connue.

Par sa beauté et sa grâce, par la justesse et l'étendue de son esprit, par un certain degré de moralité, par l'influence incontestable qu'elle eut sur la société de son temps, Ninon de Lenclos mérite d'être placée à côté de l'amie de Socrate et de Périclès.

Nous n'insisterons pas à cette place sur l'état des mœurs de l'époque de Louis XIV. Elles étaient fort grossières, ainsi qu'on peut s'en assurer par les mémoires des contemporains. Ninon contribua plus que personne à les modifier et à introduire dans les habitudes sociales ce qu'on appela *l'honnêteté*. Elle en fit une mode. Ceci peut surprendre, rien n'est pourtant plus exact.

La belle et spirituelle Ninon disait « qu'il ne « suffit pas de garder les devoirs essentiels de « la probité qui font l'homme de bien, il faut « aussi garder ceux de la société qui font « l'honnête homme ». Elle se conduisait d'après ces principes et exigeait, avec l'autorité de sa grâce et de son esprit, que l'on en usât de même à son égard.

On lui prête un mot, un peu cru, qui atteste combien la politesse et des habitudes de relations convenables lui étaient chères : « Mon « Dieu! faites de moi un honnête homme, « mais n'en faites jamais une honnête « femme. »

Ninon ne fut pas effectivement une honnête femme. Cette expression ne saurait lui convenir. Mais elle fut véritablement un honnête homme et un homme de bien. On connaît l'histoire de Gourville, qui, contraint de quitter la France après l'arrestation de Fouquet, avait confié deux cassettes contenant chacune mille louis, l'une à Ninon, l'autre à un abbé de ses amis. Dix ans après, Gourville revient et retrouve chez Ninon la cassette intacte. Mais le bel abbé lui répondit que, ne comptant plus sur son retour, il en avait disposé en faveur de ses pauvres et de son église. Ce fait n'est pas le seul que l'on pourrait citer à la louange de Ninon et qui montre son caractère sous un jour favorable.

Il faut bien, en effet, que son caractère se

soit maintenu à une certaine hauteur, non seulement pour faire équilibre à sa conduite ouvertement contraire aux bonnes mœurs, mais encore pour la soutenir contre la jalousie et la haine des grandes dames, qui obtinrent d'Anne d'Autriche de la faire enfermer au Saint-Lazare de l'époque. Cette violence dura peu de jours et ne servit qu'au triomphe de la belle persécutée.

Le caractère de Ninon, son esprit cultivé, ses formes polies et honnêtes, la bonne tenue de son salon, sa beauté, tout cela composait un ensemble agréable et piquant à ce point que les plus grands seigneurs de l'époque, la fleur de la cour et de la ville, se faisaient honneur et plaisir d'être admis dans sa société. On citerait peu d'hommes du monde ou de beaux esprits de ce temps, qui n'aient plus ou moins été dans la familiarité de la déesse. Il était de mode de rechercher l'entretien de mademoiselle de Lenclos qui, aussi loin d'être *précieuse* que dévergondée, sut toujours demeurer naturelle et dans ce juste tempérament qu'éclaire le bon sens, qu'assaisonne le bon goût et qu'appréciait si bien Molière, son admirateur. Il semblait qu'on ne pût être un homme du monde accompli sans avoir été à l'école de Ninon. On sait que trois générations de Sévigné y passèrent successivement. N'envisager Ninon que comme une simple prêtresse du plaisir, serait nier l'histoire et faire preuve d'un jugement superficiel.

On trouve dans les Mémoires de Saint-Simon, nullement suspect d'indulgence à ce sujet, cette phrase caractéristique sur Ninon : « Exemple nouveau du triomphe du vice, con- « duit avec esprit et réparé par quelque vertu. »

Sainte-Foix s'exprime dans le même sens avec non moins de liberté : « Fille de mauvaise « conduite, mais de bonne compagnie. Nous « avons aussi peu de Ninons que de Corneil- « les. » En 1679, c'est-à-dire au commencement de son pouvoir sur le roi, madame de Maintenon écrivait à son ancienne amie : « Continuez « à donner de bons conseils à M. d'Aubigné « (son frère), il a bien besoin des leçons de « Leontium » (amie et disciple d'Épicure, dont elle appliquait souvent le nom à mademoiselle de Lenclos). On relèverait grand nombre de témoignages analogues.

Comme plus d'un écrivain l'a remarqué avec justice, mademoiselle de Lenclos fut plus utile au progrès des mœurs que de graves prédicateurs et d'austères moralistes, en ce sens qu'elle pratiqua et fit pratiquer autour d'elle l'honnêteté. Elle fit comprendre et sentir le devoir social et sut l'imposer par le charme, autorité toute-puissante, et aussi par la raison, l'esprit et l'enjouement, ce qui ne gâte rien et consolida sa victoire.

Cette action de mademoiselle de Lenclos sur le perfectionnement des habitudes sociales, encore rudes et violentes, fut heureusement servie par beaucoup de sens et d'esprit, par une certaine indépendance et dignité de caractère. Sa grâce et sa beauté, incontestablement ses premières armes, n'y auraient pas suffi.

On en trouverait la preuve dans la destinée de la belle Marion Delorme, qui balança un moment la renommée de Ninon, mais qui lui fut très inférieure sous le rapport du caractère et de l'intelligence. Marion vivait dans un luxe ruineux et mourut à moins de moitié de la carrière de Ninon, pour s'être fait avorter. Elle n'était pas sans agrément dans l'esprit, mais elle manquait de raison et de sens. Incapable d'être homme de bien, comme Ninon, de raisonner ses actions et de se faire une loi morale, Marion était dévote et poussait la religion à ce point qu'elle se servait de ses charmes près des seigneurs huguenots comme moyen et comme prix de leur conversion. Escobar l'eût sans doute permis en faveur du motif, mais le plus simple moraliste s'inscrirait er appel comme d'abus.

Mademoiselle de Lenclos leva l'oriflamme du droit de la grâce en face du drapeau sanglant du droit de la force. L'agonie du régime féodal, les haines, les atrocités des guerres religieuses, la superstition, l'ignorance générale laissaient encore la société en proie aux coutumes barbares, aux relations brutales. On connaît les édits sévères de Richelieu et de Louis XIV contre le duel, expression de ces mœurs du moyen âge.

Les femmes qui avaient commencé à paraître à la cour de François Ier, d'Henri II et de l'Italienne Catherine de Médicis, furent d'abord employées comme des agents de corruption et d'intrigues. Les salutaires influences qui rayonnent naturellement de la beauté ne purent guère se manifester avec quelque importance avant l'époque où parut Ninon.

Tout sembla favorablement disposé pour préparer mademoiselle de Lenclos à son rôle. Fille d'un gentilhomme épicurien et sceptique, elle fut élevée dans une complète liberté d'esprit. Montaigne et Charron furent de bonne heure entre ses mains. Ninon, libre de tout préjugé, nourrie de lectures sérieuses et variées, aimant les arts, musicienne et douée d'une voix sympathique, demeura orpheline et maîtresse de ses actions avant l'âge de vingt ans.

Ayant secoué le joug de toute religion positive, phénomène intellectuel bien remarquable à une telle époque, Ninon eut assez de force et de raison pour devenir un philosophe pratique. Elle se fit une loi morale, règle de ses rapports avec ses semblables, de même qu'elle eut la conception des devoirs sociaux et réussit à les imposer à son entourage. La philosophie de Ninon était celle d'Épicure, je ne dis pas d'Aristippe. Cette philosophie consistait à accepter la vie sans la maudire, mais, au contraire, afin d'en tirer le meilleur parti pour le bon équilibre du corps et de l'âme. C'était la réalisation du *mens sana in corpore sano*.

Personne ne saurait avoir la prétention de faire une sainte de mademoiselle de Lenclos, pas plus qu'une honnête femme, puisqu'elle-même ne l'a ni voulu ni compris. Mais il est vrai de dire qu'elle fut un honnête homme dans toute la force du terme, et qu'en raison de son esprit et de sa beauté, qui brillèrent plus d'un demi-siècle sur la société française, elle exerça sur les mœurs une heureuse et salutaire influence. Nous ne comprendrions pas que, par un sentiment de sotte pruderie, on se refusât à reconnaître un fait aussi évident.

Oui, si la femme est appelée à exercer sur l'homme une action ayant pour effet d'adoucir ses mœurs, de développer ses sentiments, d'exciter ses facultés de tout ordre et de contribuer ainsi au progrès social, nous ne voyons pas comment on pourrait refuser à mademoiselle de Lenclos une place parmi les femmes célèbres et même les bienfaiteurs du genre humain.

Pourquoi donc s'ébahirait-on éternellement devant des hommes qui ont tenu trop de place en leur temps par la gloire sanglante des armes et même, à meilleur titre, par celle des lettres et des arts, et dénierait-on toute justice à une femme qui n'a été que femme (c'est beaucoup!) et qui a fait sentir utilement le pouvoir de la beauté? Certes, je n'irai pas avec Sainte-Foix rappeler le grand nom de Corneille à propos de Ninon, mais il est bien des renommées artistiques ou littéraires du siècle de Louis XIV, sans parler de madame Deshoulières, que je placerais consciencieusement au-dessous de mademoiselle de Lenclos.

Au reste, je m'exprime avec un sentiment de justice d'autant plus net à l'égard de l'aimable Ninon, que je me vois contraint maintenant de combattre et de répudier sa théorie en ce qui touche la femme. Ninon a rempli un rôle social éminemment utile et, si elle avait été autre qu'elle s'est montrée, nul doute que son action sur les mœurs eût été moins forte. Mais Ninon, en tant que doctrine rela-

tive à son sexe, est tombée dans une erreur
capitale.

La femme n'est pas destinée à être un honnête homme, mais quelque chose de plus délicat et de particulièrement exquis. A côté de
l'honnête homme, il y a une place élevée pour
l'honnête femme. Nous avons un peu élargi la
définition de l'honnête homme. Nous ne dé-
cernons plus ce titre à un homme sociable et
de bonne compagnie. Pour nous, aujourd'hui
l'honnête homme ne fait plus qu'un avec l'homme de bien, qui met ses devoirs au-dessus de
ses intérêts. De même, l'honnête femme, à
l'inverse de Ninon, ne se donne pas par un caprice d'imagination ou un effet des sens, mais
par un sentiment que ne désavouent ni son
cœur ni sa raison. A la beauté de Vénus elle
unit la chasteté de Diane et la grâce contenue
de Minerve.

Nous sommes obligé de reconnaître que
Ninon n'avait pas une haute idée de l'amour.
Ce n'est pas qu'elle ne l'eût éprouvé, mais elle
le ressentit trop de fois. Elle lui a même fait
quelques sacrifices, par exemple lorsqu'elle
coupa ses beaux cheveux pour les envoyer à

Villarceaux malade et délirant de jalousie. Toute raisonnable qu'elle fût, il est certain que Ninon avait plus de sens et d'impressionnabilité que de tendresse et d'idéal.

Ninon s'est beaucoup donnée, en général avec goût et discernement, puisqu'elle maintint son prestige et sa situation jusqu'à la fin de sa vie; mais sa conduite fait comprendre qu'elle a pu dire : « L'amour est un besoin des « sens auquel la nature n'a attaché le plaisir « que pour nous ôter la volonté d'y résister. « Ce besoin ne produit en nous qu'un penchant « aveugle, qui n'est fondé sur aucun mérite de « l'objet aimé, et qui n'engage à aucune re- « connaissance. »

Réduit à ces proportions, l'amour de l'homme ne vaudrait pas plus que l'instinct de l'animal. Adieu la poésie et toute la noblesse des sentiments, adieu l'idéal et sa source vivifiante et féconde! L'homme resterait plongé dans l'animalité. Tant que l'instinct parlerait, il se battrait avec acharnement pour la possession de la femelle, à la façon de tous les animaux, même les plus doux. Il ressentirait la fureur sacrée de Vénus; mais, le temps du rut passé, il n'aurait pas plus de considération pour elle que n'en ont les êtres exclusivement soumis à l'instinct. La sociabilité humaine serait arrêtée court; il lui serait impossible de s'élever au delà de ce que nous connaissons des peuples barbares et nomades.

La théorie de Ninon nous ferait retomber en plein sensualisme. J'accorde volontiers que celui de cette belle fut délicat, raffiné, maintenu par l'esprit et la bienveillance. Mais on ne peut oublier ce que devint, sous la Régence et Louis XV, ce sensualisme dont nous retrouvons l'écho dans ces vers de Rivarol, qui terminait ainsi une épître à sa maîtresse :

Ayez toujours pour moi du goût comme un bon fruit,
Et de l'esprit comme une rose.

L'amour, compris à la manière de Ninon et de Rivarol, n'aurait certes pu inspirer des artistes comme Michel-Ange et Raphaël, Mozart et Beethoven; des poètes tels que Dante et Pétrarque, Shakspeare et Schiller, Corneille et Racine, Byron et George Sand.

Nous croirions faire injure à nos lecteurs en

insistant plus longtemps sur ce point. Laissons cette théorie, dont la fausseté est trop choquante pour être dangereuse. Ici, Ninon abandonne la vraie doctrine de son maître Épicure et tombe dans celle de son grossier devancier Aristippe. D'ailleurs, et pour tout dire, elle en fut un peu la victime. On est puni par où l'on a péché! Ninon dut parfois sentir, non le vide du cœur, puisqu'elle était capable d'amitié et qu'un plus tendre sentiment ne pouvait l'occuper, mais ce qu'il y a de misérable dans des relations à peu près uniquement sensuelles. Ninon fut moins vénale que les grandes dames de la cour, car nous devons nous reporter aux mœurs de ce temps où le prodigue et galant Fouquet obtenait tant de faveurs, grâce aux beaux yeux de sa cassette de surintendant, où madame de Soubise retirait tant d'avantages de son commerce avec le roi.

Mais enfin Ninon n'était pas riche, et, quoiqu'elle eût beaucoup d'ordre et aucun faste, n'allant jamais qu'en litière ou dans les carrosses de ses amis, Ninon accepta de l'argent de quelques mains amies. Toujours la belle imposa sa loi et ne régna que sur des sujets.

soumis. N'importe, il y a là un vilain côté, qui, sans nul doute, tient à l'époque et aux circonstances, mais gâte un peu la physionomie souriante de la déesse.

Il a fallu à mademoiselle de Lenclos beaucoup de sens et d'esprit, de caractère et de tact pour se maintenir jusqu'au bout sur un terrain aussi glissant, et ne pas tomber au-dessous de la dignité nécessaire à tout pouvoir, même à celui de la beauté [1].

Madame Récamier.

A la différence de Ninon, qui fut élevée par

---

[1] Dans sa première jeunesse, Voltaire fut mené chez Ninon, par son parrain, l'abbé de Châteauneuf. Il semble que l'aimable femme ait pressenti l'avenir de l'enfant, car elle lui légua 2.000 livres pour se faire une bibliothèque. Entre autres choses sur Ninon, Voltaire confirme l'histoire de la cassette de Gourville et dit que, vers sa dix-septième année, Ninon avait appartenu au cardinal de Richelieu, qui lui donna une pension viagère de 2,000 livres, ce qui était quelque chose en ce temps-là. Le défenseur de Calas, de Sirven et de tant d'autres, plus grand encore par son amour de la vérité, de la justice et des hommes que par son génie incontesté, ajoute que Ninon vivait d'un revenu de 7 à 8,000 livres et qu'il fallait qu'elle eût quelqu'un en singulière estime pour en accepter des présents.

un père sceptique, au milieu des mœurs corrompues du temps de la Fronde, madame Récamier
sortit d'un couvent vers sa quinzième année
pour épouser un homme beaucoup plus âgé
qu'elle, un ami de sa famille, qui ne fut jamais
pour sa femme qu'une sorte de second père
bienveillant et plein d'égards.

Madame Récamier se trouva ainsi fort jeune
dans une situation brillante, jouissant d'une
liberté presque absolue, tempérée par une
tutelle indulgente et douce. Grâce au bon sens,
à la hauteur des sentiments de madame Récamier, un semblable modérateur devait avoir
plus d'action sur elle que tout autre, pour
maintenir l'équilibre de son âme.

Ayant une maison ouverte à tous, par la position de son mari, elle put jouir largement du
rôle naturel à la femme, digne de son sexe par
sa beauté.

Sous le Directoire, l'Empire, la Restauration
et plus tard encore, madame Récamier fut recherchée, admirée, courtisée, aimée et adorée
autant que peut l'être une reine de théâtre, mais
dans des conditions incomparablement meilleures. Elle sut dignement porter sa couronne.

Elle ne se refusa pas aux hommages et les accueillit avec grâce, mais sans en être trop touchée. Elle mit dans ses rapports de la douceur, une affectueuse sympathie, un dévouement sincère enveloppés d'un charme suprême, et demeura toujours maîtresse de ses sens, de ses impressions et aussi de son cœur.

En une seule occasion, il fut ébranlé. Ce fut devant l'amour très pur et très constant du prince de Prusse, qui voulait l'épouser. Ici, la noble femme trouva dans son mentor ordinaire un appui suffisant pour conserver son attitude. Madame Récamier recula, non devant une opposition formelle de son mari, mais devant la douleur que lui eût causé un divorce et un changement d'existence, dont tous deux s'étaient biens trouvés jusque-là.

Madame Récamier a vécu dans une époque bien plus profondément tourmentée que Ninon. Néanmoins, elle traversa heureusement les mauvais jours, et sut répandre autour d'elle le rayonnement de sa beauté, de sa grâce et de son caractère solide autant qu'affectueux.

Bonne musicienne, aimant les lettres et les arts, les ayant toujours cultivés avec goût, avec un enthousiasme qui ne s'est pas démenti, madame Récamier a cette gloire que les individualités supérieures qui la connurent ne se trouvèrent jamais mieux appréciées et plus flattées que par son suffrage. Elle jouissait des talents, et les gens de talent étaient heureux de son approbation délicate et bien sentie.

Madame Récamier fut toujours du monde et du monde le plus élevé. Elle ne fut pas seulement en rapports à peu près exclusifs avec des hommes. Sa situation était normale vis-à-vis de la société, avantage important et cause précieuse d'équilibre moral.

Elle eut d'illustres amitiés qui ressortent sur la foule de ses admirateurs. Citons, avant toute autre femme, madame de Staël, puis les reines de Suède, de Naples et de Hollande; mesdames de Duras, de Krudener, Swetchine; et en hommes: Bernadotte, le général Marceau, La Harpe, Benjamin Constant, Canova, tous les Montmorency, enfin Ballanche et Chateaubriand.

Entre toutes les liaisons intimes de madame Récamier, il en est deux tout à fait remarquables, et par leur importance et par leur contraste : celles de Ballanche et de Chateaubriand. Nous ne dirons rien de la passion de M. de Montmorency, qui fut douce et bonne à l'un et à l'autre, ni de celle du prince de Prusse, qui, par sa constance et sa sincérité, méritait plus de madame Récamier qu'elle ne lui accorda, et vis-à-vis duquel il nous paraît que la déesse eut bien un sérieux reproche à se faire, au moins dans la forme.

L'intimité avec Ballanche fait le meilleur éloge de la générosité de cœur et de la noblesse de caractère de madame Récamier. Ballanche était loin d'être séduisant par son extérieur; mais sous cette rugueuse écorce se cachait une âme élevée, tendre et poétique, que madame Récamier eut le mérite de sentir au premier choc. Pendant trente-cinq ans, cet admirable sentiment ne s'est refroidi ni chez l'un ni chez l'autre. Madame Récamier, récemment opérée de la cataracte, a perdu la vue au chevet de son ami mourant.

Ballanche fut tout adoration et tout dévouement pour son idole. Toujours content de la part qui lui était faite, il ne cessa de trouver madame Récamier au-dessus du culte qu'il lui avait voué. Heureux homme!

Voici, sur cette situation, quelques passages caractéristiques de l'auteur d'*Antigone* :

« Il m'arrive de me trouver tout étonné des
« bontés que vous avez pour moi. Il faut qu'a-
« vec votre tact infini vous ayez bien compris
« tout le bien que vous pouviez me faire. Vous
« qui êtes l'indulgence et la bonté en person-
« ne, vous avez vu en moi une sorte d'exilé,
« et vous avez compati à cet exil du bonheur.
« J'aspire à l'instant où je pourrai vous faire
« hommage du peu que je puis. Je voudrais
« votre bonheur aux dépens du mien. Il y a
« justice à cela, car vous valez mieux que
« moi.

. « Peut-être parviendrez-vous à faire trouver
« en moi des choses qui y sont enfouies. J'en
« suis certain, s'il y a quelque chef-d'œuvre
« caché dans le secret de mon âme, c'est vous
« seule qui pouvez faire qu'il se réalise. Votre
« présence si pleine de charme, les doux re-
« flets de votre âme, seront pour moi une ins-
« piration puissante. Vous êtes une poésie,
« tout entière, vous êtes la poésie même. »

Madame Récamier contribua beaucoup à faire entrer Ballanche à l'Académie française, dont il était d'ailleurs parfaitement digne. La joie dut être grande pour l'amie, et plus grande encore pour l'affectueux et modeste Ballanche de lui devoir cette distinction. Chacun est payé en raison de son cœur.

L'intimité avec Chateaubriand, plus ardente, aussi sincère, moins sereine, nous offre un des plus grands effets du pouvoir de la beauté.

Avec ses merveilleuses facultés d'artiste, Chateaubriand était une nature sèche, d'un orgueil amer et jaloux, n'ayant que des convoitises et nulle large sympathie. Dépourvu de sens moral et du sens philosophique, il n'avait rien aimé que lui-même, et finit par être religieux comme un homme vulgaire, en acceptant la foi du charbonnier. Misérable et souffrant d'un vide de l'âme qu'accroissait son orgueil rongeur, dédaigneux, ennuyé, tel est l'égoïste, tel est le mort que rendit à la vie un rayon de cette grâce souriante.

Voici quelques lignes d'une lettre de Ballanche, bonnes à citer à cette occasion :

« La tristesse dont il est obsédé ne m'étonne « point. Il se survit, et rien n'est plus triste…

« Pour ne pas se survivre, il faut s'appuyer sur

« le sens moral. Votre douce compassion sera
« son meilleur asile. Vous lui ferez comprendre
« que les plus belles facultés, la plus éclatante
« renommée ne sont que de la poussière, si
« elles ne reçoivent la fécondité du sens
« moral. »

Ce que Ballanche avait espéré arriva, non
sans peine et sans qu'il y fallût quelques années. Mais enfin la beauté, la douceur, la sérénité et le dévouement de madame Récamier touchèrent et fondirent cette âme de
granit. Un jour, comme la statue de Memnon
au lever du soleil, cette âme vibra sous le
charme tout-puissant de la femme. L'égoïste
et sombre René s'oublia, et Chateaubriand
aima quelqu'un plus que lui-même.

Comme dernier trait caractéristique de cette
physionomie féminine, il convient de rappeler
ici ce qui s'est passé entre madame Récamier
et Napoléon. Dans cette lutte de la beauté et
de la force, l'avantage demeura tout entier à
la femme. Chacune de ces puissances se com-
porta selon sa nature : le fort se montra instinctif et dominateur; la belle, noble et
chaste.

C'était après les premières campagnes d'Italie. Le héros était radieux de sa gloire naissante ; madame Récamier, dans la fleur de sa beauté, n'avait pas vingt ans. A une soirée chez Lucien Bonaparte, il y eut une première attaque qui ne réussit point. Le dur regard du vainqueur, qui s'était déjà arrêté une fois sur la jeune femme à la séance publique de sa réception par le Directoire, s'adoucit en vain un moment, au milieu de quelques brèves paroles, semblables à des ordres. Plus tard, Napoléon dépêcha Fouché, qui d'abord essaya de la ruse. Se voyant repoussé, il se montra violent et voulut imposer une charge de cour. Madame Récamier se défendit avec tact, mais résolument, contre ces entreprises imitées des temps héroïques.

En homme accoutumé à voir tout plier devant lui, Napoléon n'oublia pas cette résistance. Il garda rancune, et quelques années après frappait d'exil madame Récamier, demeurée fidèle à son amitié pour madame de Staël. Sans parler de madame de Chevreuse, ces dames ne sont pas les seules femmes qui aient éprouvé la dureté du héros moderne.

Ce spectacle est instructif. Quel que soit son immense génie d'homme d'action, Napoléon représente ici la force d'une façon odieuse, tandis que madame Récamier .pparaît sympathique et touchante. La force est brutale, tel est son caractère; la beauté, dans sa grâce pudique, demeure au-dessus du pouvoir, comme le parfum de la fleur se tient au-dessus du sol.

Plus encore que Ninon, madame Récamier a porté haut le sentiment de son indépendance et de sa dignité. Ayant vécu sous plusieurs gouvernements, elle ne s'est assujettie à aucun. Ayant eu des amis de toutes les opinions et de tous les régimes, elle les a tous conservés. Se maintenant sur un terrain de noble bienveillance, d'impartialité et de modération, attachée aux soins de son doux empire sur les âmes, elle ne fut attentive qu'à demeurer elle-même, c'est-à-dire une femme digne, bonne, affectueuse, et d'un charme souverain.

Vue d'ensemble sur l'action sociale de Ninon de Lenclos et de madame Récamier.

Voici deux femmes qui toutes deux ont régné par le charme et la grâce plus longtemps et plus heureusement qu'il n'a été donné de le faire à d'autres femmes aussi belles.

Outre leur beauté incontestable, les constants et nombreux hommages dont elles furent l'objet, elles ont plus d'un rapport commun. Toutes deux ont eu des amis fidèles et furent elles-mêmes des amies sincères. Toutes deux avaient un esprit juste et ordonné, du goût et du tact. Elles ont également su bien conduire leur vie, telle qu'elles l'entendaient et autant que les circonstances le permettent à chacun de nous.

Le point capital qui tranche entre ces deux femmes, c'est que l'une s'est beaucoup donnée et que l'autre s'est mystérieusement réservée. En pénétrant le cœur de madame Récamier, l'amour perdait cette pointe aiguë et cette chaleur fiévreuse qui vient des sens; si bien qu'elle demeura émue et immaculée sur son socle de marbre blanc.

Sans descendre de la sphère poétique particulière à la femme, sans quitter le domaine du sentiment, madame Récamier a exercé une influence analogue à celle de Ninon. Mais, par le bénéfice du temps et le progrès des mœurs, il a été possible à cette douce reine de beauté d'agir sur ses contemporains sous une forme plus raffinée que ne l'aurait pu faire l'Aspasie du dix-septième siècle. De même que l'époque était meilleure, il nous paraît incontestable que le rayonnement de madame Récamier a été plus étendu et plus élevé. Les émotions, les rêves, les inspirations, les sentiments qu'elle a suscités ont été plus nombreux et d'un ordre supérieur.

Le rôle de Ninon était plus difficile, celui de madame Récamier plus délicat. Il y fallait des natures très opposées. On voit plus de force en la première, plus de sentiment et plus d'idéal chez la seconde. Madame Récamier eût été une mauvaise Ninon et mademoiselle de Lenclos eût sans doute trouvé quelque fadeur dans l'emploi de Muse de Canova, Ballanche, Chateaubriand, etc., et de beauté virginale uniquement accessible à l'encens des faibles mortels.

Ninon et madame Récamier n'ont pas été des mères, mais des belles, faites pour plaire et charmer. Leur valeur sociale est renfermée en ce point unique : régner par le charme. C'est pour cela que nous les avons choisies, car toutes deux ont gracieusement porté le sceptre avec un tact exquis, un goût cultivé, un sens droit et une bienveillance sympathique.

Leur cour brillante et suivie a été une école, non pas d'idées comme au Portique ou à l'Académie, mais une école de mœurs, une école en action, où, selon la différence des époques, l'homme a ressenti l'influence civilisatrice de la femme. Tous ceux qui les ont fréquentées en ont été meilleurs, plus humains et plus policés.

Elles ont fait faire de beaux rêves, développé l'idéal des hommes, adouci les souffrances, rasséréné les esprits chagrins, consolé le malheur, réconforté les faibles, pacifié les uns, stimulé les autres, et rassemblé des amis par l'attrait de leur divin rayonnement.

Elles ont été belles commes les Grâces, inspi-
ratrices comme les Muses, douces et compatis-
santes comme les bonnes Déesses et fécondes
comme Vénus Astarté, en faisant naître les
hommes à une vie sociale supérieure.

CHAPITRE VI.

IMPRESSIONNABILITÉ DE LA FEMME.

I.

Il est impossible de rien comprendre à la nature de la femme, si, d'abord, on ne voit pas qu'elle est, avant tout, un être essentiellement impressionnable. L'impressionnabilité, voilà le fait dominant de la nature féminine.

Au reste, cette impressionnabilité ressort visiblement de son organisme. Quelques lignes de physiologie sont ici nécessaires..

Pour peu qu'on ait le sentiment de la forme, on sera vivement frappé par le contraste qui caractérise la conformation cérébrale de l'homme et de la femme. L'homme a la tête haute et le front large; la femme a le front petit et la tête longue. Or, la partie antérieure et supérieure de l'encéphale est le siège des facultés princières de l'intelligence et des sentiments supérieurs de l'espèce, tandis que la partie postérieure et latérale du cerveau renferme les instincts de conservation et de reproduction, et préside au mouvement et à la vie de tous les viscères de l'organisme.

Les cordons nerveux de la femme sont plus gros que ceux de l'homme : ce qui semble attester encore que le système nerveux ganglionnaire a plus d'importance chez la femme que chez l'homme.

La composition chimique du sang diffère notablement : le sang de l'homme est plus riche en globules rouges; celui de la femme contient plus d'eau et d'albumine. La respiration de la femme est à peu près réduite aux mouvements des muscles intercostaux. L'action du diaphragme est faible : le sang étant moins riche et la respiration moins énergique, l'appareil musculaire de la femme est moins vigoureux que celui de l'homme; et d'autre part, comme le sang et les nerfs se font équilibre, il en résulte que chez la femme le système nerveux demeure prédominant.

La partie supérieure du torse est puissante chez l'homme, gracieuse chez la femme. La base de la pyramide pour l'un est la poitrine, qui soutient la tête de Prométhée et d'où sortent les épaules d'Atlas; pour l'autre, cette base est dans le bassin destiné à être le premier berceau de l'homme.

La menstruation et la grossesse donnent des preuves palpables de l'excitabilité de la femme, excitabilité qui va, parfois, jusqu'à l'aberration des organes des sens et des facultés mentales, sans qu'on puisse dire qu'il y ait trouble dans l'état de santé.

En outre, chez la femme, l'enveloppe cutanée est plus délicate, les membres sont plus menus et plus fins, les perceptives plus vives et plus pénétrantes, et les organes des sens plus exquis.

La manière dont les maux physiques affectent l'homme et la femme caractérise encore la différence d'impressionnabilité de leur organisme.

La femme redoute vivement et repousse avec effroi la souffrance physique, puis elle la sup-

porte avec une patience et une résignation
incomparables. L'homme voit venir le mal sans
crainte, mais il le subit avec impatience et
révolte. Cette différence tient visiblement à ce
qu'autant la sensibilité est vive et exquise chez
l'une, autant elle est forte et profonde chez
l'autre. D'une part, les tissus sont mous, flexi-
bles, délicats ; de l'autre, ils sont fermes et ré-
sistants. Par sa faiblesse organique, la femme
arrive plus promptement à cet état, où le malade, à force de souffrir, n'a plus que des sensations obtuses.

Il résulte de cette différence d'organisation
que les femmes sont naturellement plus impressionnables que les hommes. Le monde extérieur
a plus d'action sur elles que sur nous.

II.

La cause de la puissance et de la faiblesse
de la femme est en grande partie fondée sur
ce point capital, son impressionnabilité.

Quoi de plus émouvant et de plus charmant
à la fois que le spectacle de cet être en vibra-

tion? Il sourit, il chante, il danse, et le voilà couché, nonchalant, abattu. Il rêve, il est triste, silencieux, fermé; soudain, il s'élance, bondit, étincelle dans un rayon de lumière. Caméléon splendide, il reflète avec une exquise délicatesse tout ce qui l'entoure, et ressent les émotions les plus diverses.

Il s'agite dans une sphère d'action étourdissante. Il vous éblouit. Tout à coup, le brillant papillon tombe à terre, morne, décoloré, sans vie apparente; mais le voilà qui vole au bout de l'horizon et se perd, comme une alouette ivre de chants, au plus haut de l'éther azuré.

Telle est sa puissance : elle éclate dans une vie ardente, toute de contrastes inattendus, qui captivent et enchantent.

Mais quel fond faire sur cet être singulier, qui appartient à l'émotion et y vit comme la salamandre dans le feu, au dire des anciens? Il était tout à vous avec élan, avec tendresse, il s'était donné avec un abandon absolu, il vous appartenait... Sûr de lui, plein de confiance, vous le regardez avec amour :... ses yeux sont ternes, il ne se souvient plus... son âme est ailleurs!...

En proie à une mobilité incessante, poussé par un besoin irrésistible d'émotions, cet être ne peut s'arrêter, se fixer et mettre quelque suite dans ses actes. La raison, les devoirs, la nécessité des choses, sont d'impuissantes barrières. Cet être, que le mouvement entraîne, on ne sait où le prendre. Il est partout et nulle part.

Pour un être pareil, il n'y a ni bien ni mal, ni vrai ni faux. Tout est relatif à l'état où il se trouve, et cet état varie sans cesse. Avec autant de mobilité que la foule et l'enfant, dominé comme eux par l'impression, il brise ce qu'il avait adoré, il élève ce qu'il avait abaissé.

De là, pour la femme, l'impossibilité de se dégager des faits pour voir les principes, de se détourner des effets pour connaître les causes, et, comme conséquence, de là une sorte d'infirmité intellectuelle qui l'empêche de généraliser, une sorte d'impuissance morale qui ne lui permet pas de s'élever à la justice.

III.

L'impressionnabilité étant le trait essentiellement caractéristique de la femme, les plus séduisantes seront les plus impressionnables. Une physionomie mobile faite d'ombre et de lumière, un visage qui sourit en pleurant et pleure en souriant, l'ingénuité de l'enfant jointe au charme du sexe, un naïf désir de plaire sous le voile d'une chaste pudeur, l'apparence de la raison unie au dévouement enthousiaste, une émotion céleste, reflet du sentiment qu'elle inspire, émotion qui l'élève au-dessus d'elle-même et la fait plus belle que nature, comment ne pas être brûlé par les irradiations de ce foyer de vie et de lumière ?

Les femmes impressionnables ne peuvent être maîtresses d'elles-mêmes. Elles sont tout au présent, jamais au passé ou à l'avenir. Elles ne peuvent répondre de ce qu'elles feront parce qu'elles n'en savent rien elles-mêmes. De très bonne foi elles disent : Je ferai cela. — Et dans le moment elles le feraient; mais, le moment passé, c'est autre chose.

Le vent a tourné, il fait soleil, le rossignol a chanté dans la nuit étoilée, Berthe vient de passer brillante au bras de son mari; Georges sur son cheval alezan doré, et il a réellement bonne mine, ou bien la cloche de l'église a tinté et voilà M. le curé qui traverse la rue.

IV.

Ne soyez jamais en peine de celles qui ont le don des larmes, dit madame de Sévigné.

Le spirituel peintre de genre de la société du dix-septième siècle avait sans doute observé maintes fois que les femmes qui pleurent si bien se consolent de même. Il est de la nature des impressions vives de durer peu. Incontestablement ces larmes sont de bon aloi et versées du fond de l'âme, comme le rire qui leur succédera franc et à belles dents. Il en est ainsi des enfants, ces gracieuses créatures si mobiles, si promptes à la douleur et à la joie.

Qui n'a vu des femmes se fondre en larmes d'autant plus abondantes que leurs perles diamantées ne faisaient qu'ajouter une grâce de plus au brillant de leurs yeux humides, au carmin de leurs lèvres, au velouté de leur visage? Ainsi en est-il des gouttes de pluie sur le corolle des roses.

La nature a fait les femmes faciles aux pleurs.
N'est-ce pas parce qu'ils raniment leurs charmes et les relèvent? Il est difficile de résister
aux prières d'une belle éplorée.

V.

Cette vive impressionnabilité de la femme
peut seule rendre raison, sans trop de désa-
vantage pour le caractère propre à sa nature,
de ses coquetteries aventureuses, de ses retours
inattendus, de ses mensonges, de ses noirceurs,
de ses trahisons, de ces mouvements qui la
poussent dans un sens ou dans un autre tout à
fait inverse.

On voit des femmes pleurer sans motifs appa-
rents ou se livrer à une gaieté folle que rien
ne provoque. Cherchez-vous à pénétrer la cause
d'un état aussi caractérisé, demande inutile.
Elles ne savent pas. C'est ainsi. Elles ont leurs
nerfs. Cette impressionnabilité constitue un
besoin impérieux d'émotion. Les agitations,
les tourments, les inquiétudes, les espérances
insensées, les désespoirs profonds, les péripé-

tics dramatiques sont nécessaires à un être aussi vibrant. On consultera les sorciers, on s'agenouillera dans un confessionnal, en éprouvera le besoin du merveilleux sous toutes les formes. On sera malade; le bon docteur consulté, s'il est quelque peu expert ou philosophe, ne perdra pas tout son latin et se retirera en donnant de l'eau bénite de cour et murmurant : *Mulier propter uterum condita est.*

La sage madame Roland a dit : Les femmes, en leur physique, sont aussi mobiles que l'air qu'elles respirent, et George Sand, allant plus loin en sa qualité de poète, a écrit : La femme est l'être le plus impressionnable de la création et par conséquent celui qui peut nous donner le plus de jouissances et le moins de droits, le plus d'ivresse et le moins de sécurité.

VI.

La science constate chaque jour l'influence des milieux sur tous les êtres vivants. L'espèce humaine est soumise à cette loi générale, et, dans l'espèce, les individus les plus impressionnables sont ceux qui en reçoivent les plus fortes empreintes et les modifications les plus profondes.

Ne voyons-nous pas des femmes, dans les conditions d'un rude et pénible labeur, se rapprocher de la forme masculine? Le buste perd ses courbes gracieuses, les épaules prennent de la carrure, les bras se font anguleux, le bassin devient étroit, les cuisses plates et longues, les jambes grêles ou lourdes, les pieds s'écrasent, la peau s'épaissit, les traits du visage grossissent et s'arrêtent durs et fixes. Voilà le bimane. Des modifications d'un autre genre se remarquent chez les femmes vivant dans le luxe et l'oisiveté. Les fonctions vitales s'abaissent, le sang moins riche laisse prédominer la lymphe, la nutrition se fait mal, les pâles couleurs surviennent, le système nerveux irritable, maladif, nous offre souvent des femmes atteintes d'un excès de sensibilité. Leur impressionnabilité n'est plus normale. Il importe ici de tenir compte de cette observation.

VII.

En résumé, la nature a fait la femme impressionnable, si bien que, plus la femme est impressionnable, normalement toutefois, plus elle a le caractère spécial de son sexe, plus elle a d'action sur l'homme, plus Ève est séduisante.

En vertu de son impressionnabilité la femme traduit plus fidèlement que l'homme l'époque où elle a vécu.

Toujours frappée par les faits, toujours vibrante au vent qui passe, toujours sous le coup des émotions nécessaires et variées qui entretiennent sa vie, la femme perçoit vite et bien, mais réfléchit et raisonne peu. Elle ne saurait généraliser, abstraire, philosopher. Il faut qu'elle sente et palpite.

En raison de cette impressionnabilité, la femme pourra être douce et bonne, compatissante, dévouée, héroïque : elle ne sera pas juste, parce qu'elle ne le sera pas par esprit de justice, mais pour obéir à ses impressions

sans pouvoir s'en rendre compte. Ce qui est
vrai, ce qui est juste, c'est ce qu'elle sent si
vivement, c'est l'émotion à laquelle elle appartient.

CHAPITRE VII.

DU DÉSIR DE PLAIRE

I.

Comment dire jusqu'où le désir de plaire peut pousser la femme? ou plutôt, quelles limites assigner à ce besoin caractéristique de la nature féminine?

Il semble que plaire soit pour la femme une sorte de sacerdoce. Elle est comme la prêtresse du beau ayant pour mission de charmer, vivifier, poétiser la nature humaine. Le désir de plaire existe en la femme comme une sorte de feu intérieur, de fièvre sacrée qui anime tous ses mouvements, inspire tous ses actes, domine toutes ses pensées. Il faut plaire! Debout! aux armes! Tel est l'appel de la nature.

Le désir de plaire développe chez la femme des effets analogues à ceux que produit, chez l'homme, l'avènement de la puberté. C'est ce désir qui donne à ses yeux tant d'éclat, qui colore ses joues, empourpre ses lèvres, lustre sa chevelure, effile ses mains blanches, cambre son pied léger, fait onduler sa taille, rythme ses mouvements, accentue les vibrations de sa voix.

Qu'elle soit jeune ou vieille, belle ou laide riche ou pauvre, au foyer ou en voyage, en santé ou malade, voire mourante, le désir de plaire ne l'abandonne qu'avec la vie. Aussi quel travail, quels soins, quelles combinaisons, quelle persévérance, quelle inspiration toujours en éveil, quelles inventions inattendues et merveilleuses, quel génie dans le détail et dans l'ensemble!

Jamais général d'armée en campagne ne fut plus alerte, plus fécond en ressources, plus prévoyant, plus habile, plus sur le qui-vive, plus près de surprendre et moins près d'être surpris. C'est qu'il s'agit de livrer bataille tous les jours, à toute heure et à tout le monde. Il faut triompher à tout prix, car la nature a dit à la femme : Plaire est ta loi suprême.

Travail immense, besogne incessante et minutieuse qui écraserait tout autre qu'une femme, c'est-à-dire qu'une créature dont la destinée est de plaire. Et la femme semble à à peine y toucher, elle accomplit sa tâche en se jouant et presque sans y regarder, tant elle lui est naturelle !

Le besoin de plaire se décèle en tout et persiste toujours. Il est la constante et secrète préoccupation de la femme, parce que le charme qui rayonne de la beauté a une importance capitale sur le développement de l'espèce.

Ève a deux grands aspects. Elle est beauté et elle est mère. Comme mère, elle crée l'enfant, comme beauté elle fait l'homme.

II.

D'Alembert reproche à mademoiselle de Lespinasse *son désir de plaire à tout le monde.*

« Je ne connais personne qui plaise aussi
« généralement que vous, et peu de personnes

« qui y soient plus sensibles. Vous ne refusez
« même pas de faire des avances quand on ne
« va pas au-devant de vous; et sur ce point
« votre fierté est sacrifiée à votre amour-pro-
« pre. L'envie d'avoir une cour, ou ce qu'on
« appelle dans le monde *des amis,* vous a ren-
« due d'assez bonne composition, et les en-
« nuyeux ne vous déplaisent pas trop, pourvu
« que ces ennuyeux-là vous soient dévoués. »

Il y a là une indication très nette du rôle
de la femme dans la société. Plaire est tellement le fond de sa nature, qu'il semble qu'elle
y obéisse à son insu et quelquefois malgré
elle, contre les protestations de sa raison et de
son cœur.

Telle fut mademoiselle de Lespinasse, et il
en est ainsi de certaines femmes. Elles feront
souffrir ceux qui les aiment, et seront affa-
mées de conquêtes au point de se donner et
de mourir elles-mêmes devant une résistance
ou un dédain.

Le désir de plaire est si vif chez la femme,
qu'il étouffe souvent le besoin d'aimer et pa-
ralyse même une affection sincère. Cette vérité n'a pas échappé à madame Roland, qui

l'a formulée d'une manière piquante : « L'a-
« mour sûrement vaut mieux que la vanité,
« mais il ne faut point les mettre aux prises :
« l'amour résiste bien, mais la vanité frappe
« si fort ! »

III.

Chez la femme le désir de plaire est si constant, son visage accentue avec des nuances si
délicates ce qu'elle éprouve qu'il lui arrive de
refléter à son insu toutes les délicieuses et profondes émotions qui soulèvent l'âme de son
adorateur.

Si grand, si noble qu'il soit, l'homme qui
aime se trouve transfiguré dans ce vivant miroir. Par sa puissance d'expression la femme
joue ici un rôle analogue à celui du caméléon,
mais en le dépassant. L'animal ne fait que refléter la couleur des objets dont il s'approche.
La femme fait plus, elle traduit l'invisible
et le traduit de telle sorte qu'elle donne un accent, une forme aux meilleurs sentiments de

l'âme humaine. Ainsi qu'un bon objectif elle agrandit les images et les poétise.

Voilà pourquoi les femmes les plus impressionnables sont les plus séduisantes. Quelquefois leur plus grand mérite se trouve dans cette valeur de reflet. Semblables en cela aux artistes qui interprètent les œuvres du génie d'une façon admirable, bien qu'ils soient à cent lieues du compositeur et du poète.

La plus pure et la plus chaste des femmes, lorsqu'elle sent qu'elle plaît, qu'elle charme, devient lumineuse et toute rayonnante d'effluves féminines. Elle se fait en toute innocence une atmosphère phosphorescente et fluide, où sa beauté ondoie, vibre et reluit. Son charme augmente, elle s'en trouve heureuse et cette joie intime achève et parfait son auréole.

Dans les lettres de Mlle de Lespinasse, je relève un passage, qui confirme, avec l'autorité de l'expérience, ce que je viens de dire :

« Cent fois j'ai senti que je plaisais par l'impression que je recevais de l'agrément et de l'esprit des personnes avec qui j'étais; et, en général, je ne suis aimée que parce qu'on voit et qu'on croit qu'on me fait effet : ce n'est jamais par celui qu'on reçoit directement. »

Sur ce sujet un dernier coup de pinceau. Il est de Diderot. Voici ce qu'il écrivait à propos des portraits qu'on avait faits de lui, lesquels ne rendaient point sa physionomie si mobile, si pleine d'âme et d'expression :

« Savez-vous pourquoi les visages de femmes sont si difficiles, si impossibles à peindre? pourquoi leur portrait ne satisfait jamais ceux qui les connaissent et les aiment? C'est précisément parce que le visage de la femme est un miroir à tout refléter, une cire molle à recevoir toutes les empreintes et à les reproduire avec finesse; c'est qu'il y a dans leur figure mille choses fondues ensemble et qu'à certains moments elles expriment merveilleusement chacune de ces choses.

« Elles ont un masque qui trompe l'artiste, soit qu'il y voie trop de choses fondues ensemble, soit que les impressions de mon âme se succèdent rapidement et se peignent toutes sur leur visage; l'œil du peintre ne retrouvant pas la même marque d'un instant à l'autre, sa tâche devient beaucoup plus difficile qu'il ne le croyait. »

IV.

Plaire étant la première loi de la femme et comme la fatalité de sa nature, chez beaucoup d'entre elles, le désir de plaire domine tout. Chez quelques individus d'élite le besoin d'aimer est plus fort que le désir de plaire. En quelques autres plus rares encore, les sentiments supérieurs et la raison viennent s'ajouter aux affections du cœur.

Pour la femme que le besoin de plaire tyrannise, il est naturel qu'elle n'accorde pas beaucoup d'importance à celui qui l'aime. C'est un vaincu. Lovelace ou don Juan auront naturellement plus beau jeu près de Célimène que l'honnête et amoureux Alceste.

Il en est différemment de la femme aimante. Virginie aimera Paul et l'aimera uniquement, comme Héloïse a aimé Abélard, comme madame de La Vallière a aimé Louis XIV. Quant aux femmes supérieures, sous les hautes inspirations qui les animent, on comprend qu'elles ne peuvent être les victimes de leur désir de plaire.

V.

Pudeur.

Qu'est-ce que ce sentiment si vif de honte intime et secrète, qui saisit la femme et la fait rougissante, interdite, craintive?

Voyez passer cette jeune femme sûre d'elle-même, ayant conscience de sa beauté pour en avoir éprouvé l'empire. Quel port! quelle démarche de déesse! quel sourire affable et contenu! quelle sérénité olympienne!

C'est un roi accepté par ses sujets heureux et soumis.

Maintenant, examinez la jeune fille qui s'ignore elle-même, et ne possède que le vague pressentiment de son pouvoir. Quelle timidité ingénue! quelles frayeurs soudaines! quelles mortelles inquiétudes! que d'angoisses secrètes! quels fugitifs coups d'œil! que de regards baissés et de rougeurs subites! quelle incertitude dans la marche et quelle gaucherie charmante dans les attitudes! — Suis-je belle?

Comment m'a-t-on trouvée ce soir? O mon Dieu! n'ai-je pas été sotte et gauche! Il me semble qu'en levant les yeux j'ai vu les siens attachés aux miens. Quel bonheur! Mais je me trompe sans doute. Hélas!

Ici se découvre le motif secret de ce sentiment de honte et la vraie cause de la pudeur.

Il est tout entier dans la crainte de ne pas plaire, chez une créature destinée à régner par le charme.

Plaire étant la destinée naturelle de la femme, ne pas plaire doit être pour elle l'objet de la plus terrible crainte. De là cette honte si vive et si intime, de là cette pudeur rougissante en face de ce péril de manquer au vœu de la nature.

La richesse, le génie, la force ne peuvent engendrer pareil sentiment. Ils sont sûrs d'eux-mêmes, ils s'imposent. Mais la beauté, ce pouvoir, qui doit étré accepté, qui n'existe que par la soumission volontaire, enthousiaste, des sujets, il est naturel qu'on craigne toujours qu'il ne soit pas reconnu.

Plus la jeune fille se sentira de goût pour

quelqu'un, plus elle se montrera réservée et fière. La crainte de déplaire, la pudeur, est d'autant plus vive en ce cas que l'homme n'a pas fait acte de soumission et reconnu son pouvoir.

Cette fierté de la femme fait contraste avec l'humilité de l'homme qui aime, humilité qui sera d'autant plus grande qu'il aime davantage.

Le sentiment instinctif de sa faiblesse physique et morale vient s'ajouter chez la femme à la crainte de déplaire, qui est le principe de la pudeur. Cette timide pudeur chez un être tout aimable l'enveloppe d'un charme irrésistible.

Il y a dans la pudeur de la femme quelque chose de plus exquis et de plus intime encore, quelque chose que l'homme ne connaît pas.

A la jeune fille qui s'ignore et qui cherche naturellement à plaire sans penser à mal, il arrive parfois de pressentir qu'elle peut être l'objet de la joie suprême de l'homme, mais que pour cela il faudra qu'on pénètre dans cette atmosphère d'innocence qui l'enveloppe, qu'on fasse la lumière dans le demi-jour où elle a toujours vécu, il faudra qu'on soulève son voile! qu'on la regarde!! qu'on la touche!!! Chose mystérieuse aux autres et à elle-même, qui ne se connaît pas et jamais n'a abaissé son regard sur son enveloppe, et l'homme pourra s'approcher de sa personne, comme d'un sphinx, fascinateur brûlant de découvrir la douce énigme de son cœur!.. — —

Voilà qui est bien fait pour la troubler profondément, pour la laisser rougissante, interdite. Comment arrêter sa pensée sur un pareil moment?

Coquetterie.

On dit légèrement : Toute femme est coquette. Ce qui est vrai, c'est que toute femme a le désir de plaire parce que la nature lui en a fait une loi.

Et toute femme, en qui ce besoin naturel n'est point faussé, attire sans provoquer; elle se laisse voir et ne se montre pas. L'instinct suffit, l'apprêt nuit. Par cela seul qu'elle est belle et qu'elle suit son instinct, la femme plaît.

En faisant davantage elle court risque de dépasser le but. Si Galatée fait une agacerie à
son amant, qu'elle se cache au plus vite dans
les saules, en gardant secret son désir d'être
vue.

Les femmes qui plaisent le plus ne sont pas
les plus coquettes, je veux dire celles qui montrent trop leur désir de plaire.

La coquetterie étant l'excès du désir de
plaire, la femme qui est belle et qui a du tact
s'en défend comme elle repousse une toilette
voyante et de mauvais goût.

Je ne puis comprendre les Catons, qui ne
trouvent pas assez de paroles pour blâmer les
femmes de ce qu'elles s'occupent de toilette et
de chiffons. Il y a toujours une robe, un cha-
peau, un ruban, un bijou, une coiffure au bout
de la phrase ou au détour de la pensée d'une
femme. Elle ne passe pas un jour, peut-être une
heure, sans y penser. Combien jette-t-elle de
regards au miroir, sans compter ceux qui sont
plus sérieusement appliqués au sortir de la
chambre ou de la maison? Quelle folie et peut-
on avoir la tête pleine de pareilles billevesées
et de soins si peu importants!

Tout beau, messieurs les censeurs, veuillez y réfléchir un instant vous-mêmes. Que diriez-vous d'un soldat qui n'entretient pas ses armes, d'un avocat qui délaisse ses codes et le journal du Palais, d'un ouvrier qui néglige ses outils? La parure, c'est l'arme de la femme, car il faut qu'elle plaise. Charmer est sa loi, et, comme la loi est à votre profit, il y a peu de raison et beaucoup de mauvaise grâce à regimber contre elle, à ne pas reconnaître l'utilité de ses effets.

Je ne défends pas ici l'abus, je plaide pour l'usage. La femme qui oublie de plaire et se néglige sur ce point, n'est plus une femme.

VI.

La Parisienne.

Par ses mœurs, la France est le pays où la femme tient le plus de place au soleil de la civilisation. Nulle part la femme n'a reçu plus d'hommages. La France a recueilli le fruit légitime de ce culte, qui est devenu une des causes de sa prépondérance dans les beaux-arts et l'industrie. La femme de France est l'objet de l'ambition jalouse des femmes de tous les pays, car c'est à Paris que la femme est plus femme, c'est là qu'est le siège de son empire, c'est à Paris que la mode dicte ses arrêts et formule ses tout-puissants caprices. Paris fait loi pour le monde élégant, et l'article Paris s'impose avec une tyrannie acceptée par enthousiasme à tous les coins de l'univers.

A Paris la femme apprend à s'habiller, à marcher, à causer, à mettre en relief ses moyens de plaire, à triompher de l'homme par le charme féminin, élevé à son maximum de puissance. Pour la femme bien douée qui arrive des antipodes, Paris est toute une révélation. Elle s'y sent dans une atmosphère propice, elle s'acclimate bien vite, se transforme, double sa valeur féminine, de sorte qu'elle est bientôt sacrée Parisienne, c'est-à dire tout à fait femme, eu égard à ce que la société peut donner aujourd'hui.

CHAPITRE VIII.

IDÉAL. — RELIGION. — MORALITÉ.

I.

Par sa nature essentiellement impressionnable, la femme vit du moment et pour le moment. De plus, par le caractère propre de son intelligence, elle répugne à toute conception abstraite. Suivre un raisonnement lui est une peine et généraliser un effort odieux. La femme ne connaît pas les méditations profondes, les aspirations puissantes, les enthousiasmes sacrés par lesquels l'homme s'élève au-dessus de ce qui est pour imaginer ce qui doit être.

On ne peut se représenter la femme dans l'attitude méditative de Spinoza ou de Newton, de Descartes ou de Képler. Faite pour couver amoureusement l'enfant et le réchauffer dans son sein, il ne lui a pas été donné d'avoir de lentes et fortes incubations cérébrales, et de poursuivre d'une pensée infatigable le Vrai, le Bien et le Beau au delà des limites connues.

Vous pourrez bien amuser et distraire une femme par des féeries et des contes, mais non lui faire embrasser les utopies généreuses et grandioses. Elle ne peut écouter les rêves d'avenir; bientôt elle s'échappe impatiente, disant : Chansons que tout cela. Sa curiosité, qui est vive et pénétrante, n'a ni profondeur ni persistance. Ses perceptives fines et nettes, son contact frémissant avec le réel l'empêchent d'aimer le mystérieux avenir, sinon comme un rébus ou une charade dont le mot va être dit.

L'impuissance de la femme à s'abstraire du présent, à idéaliser, montre bien que son rôle est d'adoucir et de poétiser la vie de l'espèce. A l'homme incombe le labeur des bras et le labeur suprême de l'esprit. A lui de défricher la terre et de s'approprier sa surface par l'industrie et la science; à lui de modifier sans cesse l'édifice des lois pour le rendre de plus en plus conforme à la nature humaine; à lui de reconnaître et de resserrer plus religieusement son lien avec l'Infini.

II.

Pour les unir étroitement, la nature a doué l'homme de la faculté d'idéaliser, et la femme du besoin de plaire.

N'était sa faculté d'idéaliser, les relations de l'homme avec la femme eussent été courtes et bornées à l'instinct. Il n'y aurait eu en présence qu'un mâle et une femelle. Telle est la situation à l'état primitif, alors que la femme n'est pas encore sortie de la chrysalide du bimane.

Sans l'idéal, l'homme ne sentirait ni vivement ni profondément la grâce et la beauté de la femme. Il n'en aurait pas fait l'occupation de la plus grande part de sa vie, il ne l'eût pas aimée d'un amour véritable, noble et poétique.

L'idéalisation de la femme par l'homme

tient essentiellement à la faculté de celui-ci, et accessoirement au charme de celle-là.

Pourquoi la femme a beaucoup de religion et peu de moralité.

Pour la femme, la loi se dégage du milieu qui modifie souverainement sa nature délicate : l'atmosphère qu'elle respire lui fait son âme. Conséquemment la loi de la femme vaudra ce que vaut la société du moment, sa morale sera la morale courante. Les coutumes, les convenances, ce qui se fait, ce qui se dit, ce qui est bien selon l'usage traditionnel, établi, dominant, voilà ce que son désir de plaire, non moins que son impressionnabilité, lui font une nécessité d'accepter. Ainsi qu'un baromètre exact et sensible, la femme marquera le haut et le bas de la vie sociale.

La recherche et la connaissance des rapports des êtres entre eux, du juste en soi, de la morale envisagée en dehors du présent et du convenu, ne pouvait être de la compétence de la femme, et à ce point de vue il est vrai de dire qu'elle n'a pas de sens moral.

A son intelligence nette et positive, il faut une affirmation formelle sur la vie et sa destinée ; à son sentiment peu élevé, peu profond mais vif et ardent, il faut une foi saisissante qui la rattache à l'infini et à ses semblables ; ainsi qu'à l'enfant qui aime les jouets, il lui faut un culte plein d'apparat.

Ne pouvant avoir de moralité, la femme aura de la religion.

Précisément, parce qu'elle possède une certaine conscience de la mobilité de sa nature, la femme éprouve le besoin d'avoir un point fixe où elle se retrouve et se sente elle-même. Donc la femme s'attachera opiniâtrément à un culte. Elle se consumera dans un ensemble de pratiques rigoureuses : prières, chapelets, vœux, pèlerinages, sermons, confessions, pénitences et mortifications de plus d'une sorte. Ces habitudes de dévotion seront parfois pénibles et n'en seront que plus fidèlement accomplies.

Car, dans leur minutieux appareil, ces pratiques représentent l'arche sainte, le point d'appui, où l'on se retrouve soi-même, en face de Dieu, de la justice, de la loi et de ses devoirs, où l'on se sent grande et forte, prête à tout racheter par le sacrifice et la mort.

Les êtres passionnés et impressionnables ne peuvent reconnaître une loi morale, qui s'établit en la conscience par les lumières d'une haute raison et sous l'inspiration des sentiments les plus élevés. Ils ont besoin d'une religion qui les absout et les relève à chaque chute nouvelle; ils ont besoin d'une pratique qui fixe leur attention et les rappelle incessamment à l'ordre.

La forme religieuse étant la seule sous laquelle la femme puisse accepter une loi supérieure aux faits qui la tyrannisent et reconnaître des sentiments de justice en dehors et au-dessus de ses émotions, il est manifeste qu'il faut estimer la pratique d'un culte comme un signe favorable pour la plupart des individualités de ce sexe.

Pour qu'il en soit autrement, il faut supposer un concours de circonstances exceptionnellement favorables; un père, un mari, une famille capables d'inspirer une légitime confiance dans une foi religieuse supérieure, dégagée du passé par la science et le sentiment de l'avenir. Il existe aujourd'hui de rares exemples de cet ordre. Ce sont d'heureux présages, dont il est bon de tenir compte. George Sand nous a fait un admirable tableau de ce genre dans *Mademoiselle de La Quintinie.*

Dans son impuissance à se faire une loi morale, si la femme n'a pas de religion, il ne lui reste plus de lien avec ses semblables, elle sort de la communion du genre humain. Ce serait un être vague et monstrueux.

Aussi rien n'est plus tenace que l'idée religieuse chez la femme, quelque dégradée qu'on puisse l'imaginer. Elle sent instinctivement que par là elle participe de la vie du genre humain et se rattache à la vie universelle. Donc on a de la religion, car *on n'est pas un chien*, formule énergique prise sur nature et qui peint la situation.

L'inégalité du sens moral dans les deux sexes est en rapport avec la différence des fonctions.

Quelqu'un a dit avec raison : Les hommes

n'estiment pas toujours ce qu'ils aiment, les femmes, au contraire, n'estiment que ce qu'elles aiment.

Dans les deux cas l'amour est plus fort que la raison et les sentiments supérieurs. Mais il importe d'établir ici une remarque fondamentale.

Malgré leur éclipse, la raison est assez forte et le sentiment du juste parle assez haut chez l'homme pour qu'il reconnaisse que devant sa conscience il est déchu. Chez la femme, la raison s'est obscurcie complètement, à cause de sa faiblesse, et le sens moral, lueur vacillante, a été facilement éteint par l'orage de la passion. Chacun d'eux a agi conformément à la nature de son être et de sa fonction dans la société, mais qu'en conclure?

Éclairons-nous davantage par deux illustres exemples.

Héloïse ne voulut pas qu'Abélard la prît pour épouse, parce qu'il eût ainsi porté atteinte à sa considération. Elle préféra en souffrir elle-même et que la tache demeurât sur elle. Mademoiselle Aïssé, de touchante mémoire, voulut que le chevalier d'Aydie restât attaché à l'Ordre de Malte, craignant de ternir la gloire de son amant et préférant souffrir de sa position équivoque. Ces nobles femmes furent ici dans la vérité de leur rôle et il faut admirer leur abnégation, qui fut telle qu'elle fit taire leur orgueil et leur vanité.

Abélard et le chevalier n'eussent pas été dans le leur, si, en épousant leurs maîtresses, ils avaient réellement porté atteinte à leur dignité d'homme.

L'amour de ces deux femmes était noble et fait pour les élever. La suite de leur vie a montré qu'elles étaient trop bien douées pour avoir pu jamais ressentir une passion vulgaire et qui les eût rabaissées. Mais la faiblesse du sens moral chez la femme et la différence de rôle chez les deux sexes, n'en ressortent qu'avec une plus grande évidence.

Héloïse et mademoiselle Aïssé sont des femmes supérieures, et cependant elles consentent avec joie, pour satisfaire leur tendresse, à vivre diminuées sinon à leurs propres yeux, au moins à ceux du monde. On ne les blâme point, on ne les trouve point déchues; bien plus, on admire leur amour pour l'objet de leur sentiment, qui en était digne à la vérité.

Mais pourquoi cela, et en serait-il de même de l'homme? Quel jugement porterait-on sur celui qui sacrifierait à la femme la plus éminente, sa dignité, son rang et sa couronne de citoyen ?

_ Ici, pourquoi le jugement change-t-il et pourquoi ne trouvons-nous plus en notre conscience la même approbation?

L'homme ayant, de par la nature, charge de vérité et de justice, portant l'Idéal dans son sein comme la femme y porte l'enfant, l'homme se doit à ce qui est bien, à ce qui est juste, à la société. Il ne peut se diminuer, faillir à son rôle social. Il est tenu à conserver toute la noblesse de son âme. La femme qui se sacrifie à l'homme digne de ce beau nom, s'élève : l'homme qui se sacrifie à la femme, s'abaisse.

CHAPITRE IX.

MADAME DE LONGUEVILLE.

La sœur du grand Condé et l'héroïne de la Fronde mériterait une étude à cette place, si nous pouvions la lui consacrer. Plusieurs vérités ressortiraient clairement sur le fond mouvementé et brillant de son histoire.

Madame de Longueville fut merveilleusement douée de tous les charmes et de toutes les qualités qui distinguent la femme. Nul doute qu'elle ne dut son pouvoir et l'importance de son rôle, moins à sa naissance illustre qu'au brillant assemblage de ses qualités féminines.

On rencontrerait difficilement un exemple plus frappant de l'influence des circonstances sur une femme. Cette cire molle et choisie reçut toutes les empreintes. En outre, madame

de Longueville accuse avec beaucoup de relief
ces signes particuliers d'une âme féminine :
une ferveur de pratiques religieuses, proportionnelle à la faiblesse du sens moral, une
intelligence très vive et très ouverte avec un
manque complet de raisonnement et de réflexion.

Bien que nous ne puissions nous occuper
longuement de ce typé gracieux, nous met-
trons néanmoins en lumière ce que nous venons d'avancer, et cela d'autant mieux que
nous avons pour nous y aider d'illustres
contemporains, qui ont pu la juger de très
près, Nicole, Pascal, et La Rochefoucaüld.

Voici le coup de pinceau de l'auteur des
Maximes :

« Madame de Longueville avait tous les
« avantages de l'esprit et de la beauté en si
« haut point et avec tant d'agrément, qu'il
« semblait que la nature avait pris plaisir de
« former en sa personne un ouvrage parfait
« et achevé; mais ces belles qualités étaient
« moins brillantes à cause d'une tache qui ne
« s'est jamais vue en une personne de ce mé-
« rite, qui est que, bien loin de donner sa

« loi à ceux qui avaient une particulière ado-
« ration pour elle, elle se transformait si fort
« dans leurs sentiments qu'elle ne reconnais-
« sait plus les siens propres. »

Ajoutons ici pour terminer sur la puissance des charmes de madame de Longueville, un court extrait du *caractère* de la princesse, composé par un janséniste, peut-être Nicole :

« Tout son extérieur, sa voix, son visage,
« ses gestes, étaient une musique parfaite ; et
« son esprit et son corps la servaient si bien
« pour exprimer tout ce qu'elle voulait faire
« entendre, que c'était la plus parfaite actrice
« du monde. »

Ce portrait est bien celui d'une femme charmante, toute grâce et toute séduction, mais, chose singulière, de la part du philosophe des *Maximes*, le seul reproche qu'il adresse à son modèle, le seul défaut qu'il trouve à ce diamant, c'est justement la qualité capitale de la femme, le point lumineux de la pierre précieuse, son impressionnabilité. Il y aurait lieu de s'étonner et de blâmer le philosophe, si l'on ne savait qu'il fut encore un amant abandonné.

La Rochefoucauld eût fait preuve de plus de

philosophie et de jugement, s'il avait reconnu que madame de Longueville n'avait eu un rayonnement si vif que parce qu'elle fut tout à fait et essentiellement femme. A cette occasion il aurait pu encore se souvenir de cette maxime qui s'ajuste si bien à madame de Longueville et qu'elle a peut-être inspirée : *L'esprit de la plupart des femmes sert plus à fortifier leur folie que leur raison.* Ici nous retrouvons le philosophe appréciant avec finesse un point de la nature féminine.

Pascal vient ensuite, et dans sa lumineuse analyse saisit sur le vif le caractère particulier de l'intelligence des femmes; si bien que cette analyse s'applique admirablement à sa contemporaine. C'est une bonne fortune que de rencontrer en pareille circonstance la touche ferme et sobre de l'auteur des *Pensées.*

« Madame de Longueville était de ces esprits
« fins qui ne sont que fins, qui étant accou-
« tumés à juger les choses d'une seule et
« prompte vue, se rebutent vite d'un détail
« de définition, en apparence stérile, et ne
« peuvent avoir la patience de descendre
« jusqu'aux premiers principes des choses

« spéculatives et d'imagination, qu'ils n'ont
« jamais vus dans le monde et dans l'usage. »

Tel est l'esprit des femmes; Pascal ne l'a pas
manqué du premier coup, et voilà madame de
Longueville peinte de main de maîtres. L'un
nous a donné les caractères de son esprit,
l'autre nous a montré un ensemble. La peinture de ce dernier est parfaite aussi, en prenant comme point lumineux ce qu'il a regardé comme une tache, petite incorrection
facile à reconnaître et à retoucher.

Maintenant, voici ce bon et estimable janséniste de Nicole qui vécut près de madame de
Longueville pendant les dernières années de sa
vie. Nicole prend le burin des mains de Pascal
et complète son œuvre.

Nicole avait remarqué que madame de Longueville avait l'esprit très délicat et très fin
sur la connaissance du caractère des personnes, mais qu'il était très petit et très faible,
et qu'elle était très bornée sur les matières de
science et de raisonnement et sur toutes les
choses spéculatives, dans lesquelles il ne s'agis-
sait point de sujets de sentiments. Il en cite un
exemple assez plaisant.

« Je lui dis un jour que je pouvais parier
« et démontrer qu'il y avait dans Paris au
« moins deux habitants qui avaient le même
« nombre de cheveux, quoique je ne puisse
« pas marquer quels sont ces deux hommes.
« Elle me dit que je ne pouvais jamais en être
« assuré qu'après avoir compté les cheveux de
« ces deux hommes. Voici ma démonstration,
« lui dis-je : je pose en fait que la tête la
« mieux garnie de cheveux n'en a pas deux
« cent mille, et que la tête la moins garnie
« c'est celle qui n'a qu'un cheveu. Si, main-
« tenant, vous supposez que deux cent mille
« têtes ont toutes un nombre de cheveux diffé-
« rent, il faut qu'elles aient chacune un des
« nombres de cheveux qui vont depuis un
« jusqu'à deux cent mille, car si l'on suppo-
« sait qu'il y en avait deux parmi les deux
« cent mille qui eussent le même nombre de
« cheveux, j'aurais gagné le pari. Or, en sup-
« posant que cés deux cent mille habitants ont
« tous un nombre différent de cheveux, si j'y
« apporte un seul habitant de plus qui ait des
« cheveux, qui n'en ait pas plus de deux cent
« mille, il faut nécessairement que le nombre

« de cheveux, quel qu'il soit, se trouve depuis
« un jusqu'à deux cent mille, et, par consé-
« quent, soit égal au nombre de cheveux d'une
« des deux cent mille têtes. Or, comme au lieu
« d'un habitant en sus de deux cent mille, il y
« en a tout près de huit cent mille, vous voyez
« bien qu'il faut qu'il y ait beaucoup de têtes
« égales en nombre de cheveux, quoique je
« ne les aie pas comptés. »

Jamais Nicole ne put faire entrer ce raisonnement dans la tête de l'aimable princesse. Il
eut beau y revenir à plusieurs reprises et s'y
prendre de plus d'une façon, elle riait toujours
de son insistance sur une pareille folie. En
effet, quand on a sous les yeux deux têtes, il
est impossible de croire qu'elles aient précisément le même nombre de cheveux, à moins de
les compter. Or la princesse ne put sortir de
ce fait, pour être touchée et convaincue par
le raisonnement sur le nombre des cheveux et
des personnes.

Telle est l'intelligence de la femme. Elle perçoit vite et nettement les faits, mais ne peut
en tirer la raison.

Pascal a marqué une seconde fois au coin

de son style simple et net cette différence caractéristique entre l'entendement de l'homme et celui de la femme. La chose mérite qu'on y insiste.

« Ceux qui sont accoutumés à juger par le
« sentiment ne comprennent rien aux choses
« de raisonnement, car ils veulent d'abord pé-
« nétrer d'une vue et ne sont point accoutu-
« més à chercher les principes. Et les autres,
« au contraire, qui sont accoutumés à raison-
« ner par principes, ne comprennent rien aux
« choses de sentiment, y cherchant des prin-
« cipes et ne pouvant voir d'une vue. »

Avec son esprit, sa naissance et sa beauté, madame de Longueville, dans les troubles qui ont marqué la minorité de Louis XIV, à l'époque finale de l'agonie de la féodalité, où se fonde l'unité du royaume sur l'unité du pouvoir, où se résume et se recueille l'idée religieuse du passé, madame de Longueville dut fatalement tournoyer au gré de la tourmente, comme une feuille au vent d'orage. Puis, quand la majesté du roi eut tout écrasé, discipliné et rassis, la pauvre femme fut sans doute heureuse de trouver un refuge, une consolation et un appui près des hommes qui représentaient avec le plus de noblesse d'âme la foi antique et le sentiment religieux.

La vaillante et légère Clorinde de la Fronde, au milieu de ses mondaines erreurs, avait toujours conservé sa religion avec ses pratiques, elle put donc se transformer facilement en la belle et sincère Madeleine de Port-Royal des Champs et des Carmélites de la rue Saint-Jacques. Autant la religion allait bien à ce tempérament féminin par excellence, autant la morale lui était inaccessible. Dans l'ordre des sentiments et dans l'ordre des facultés intellectuelles, il y a parité et concordance. Madame de Longueville a une piété sincère et point de morale, comme elle a un esprit vif, fin, charmant, et point de raison ni de faculté d'abstraire. C'est une femme.

L'un des adorateurs posthumes les plus considérables de madame de Longueville, M. Cousin, s'exprime ainsi dans son introduction à la vie de la dame de ses pensées.

« Madame de Longueville a aimé avec le
« même désintéressement que mademoiselle
« de Lavallière, mais elle plaça mal son

« affection, elle y mêla du bel esprit et de
« la vanité, mais elle eut plus tard un triste
« retour de légèreté et de coquetterie. »

M. Cousin affirme ensuite (peut-être pour se
consoler de cet aveu), que madame de Longueville était plus belle et plus spirituelle
que la naïve et tendre maîtresse de ce roi,
quelque peu modelé sur le type, adouci par le
temps, des satrapes asiatiques.

Il serait difficile de discuter aujourd'hui la
dernière assertion du chevalier servant de
madame de Longueville. Pour notre part,
nous comprenons que le souvenir de la tout
aimante sœur Louise de la Miséricorde soit plus
précieux à certaines âmes que celui de la trop
impressionnable sœur du grand Condé.

CHAPITRE X.

LA FEMME ET LA SOCIÉTÉ PRÉSENTE.

I.

Telle est la société, telle est la femme.

Le sauvage et le barbare s'occupent peu de la femme. Ils commencent par déplorer sa naissance autant qu'ils se réjouissent de celle d'un mâle. Dans une société pauvre et grossière, le fort, seul, a sa place. Comme elle manque de vigueur physique, la femme est méprisée et réduite au rôle de bête de somme, d'animal reproducteur. C'est un bimane femelle.

La nature ayant créé la femme pour plaire, pour régner par le charme, son royaume ne pouvait être de ce monde rudimentaire.

Hélas! que la femme doit subir d'avanies et

de dégradations, de peines et de douleurs, avant que brille le jour où la petite main d'Omphale substituera à la massue sanglante d'Hercule sa quenouille victorieuse, où Aspasie charmera Périclès, inspirera Socrate et Phidias!

Le culte de la force avec ses abus caractérise les sociétés primitives. Les sociétés en voie de civilisation se distinguent par la décroissance proportionnelle de la force, et par l'empire croissant de la beauté avec ses bienfaits et ses abus, lorsqu'il est sans contrepoids.

Comment la femme, cette nature d'enfant, modelée et pétrie par les faits, pourrait-elle aujourd'hui exercer normalement sa puissance? OEuvre de l'homme et du milieu, elle est le reflet, l'écho, le miroir, l'expression intime et vivante de ce qui est.

Si ce qui est sonne faux et lui apporte des sensations violentes, des émotions en sens contraire, si elle est à la fois adorée et opprimée, flattée et méprisée, tantôt tenue en tutelle par les lois, garrottée par les préjugés et les mœurs, tantôt imposant ses caprices et trônant en déesse, comment la pauvre femme serait-elle ce qu'elle doit être selon la nature, ce que l'homme la rêve dans ses aspirations : la plus pure et la plus exquise manifestation de l'espèce humaine?

Avant de jeter la pierre à la femme, que l'homme se regarde d'abord lui-même, et qu'il examine la société actuelle. Je veux bien qu'il brise son miroir, parce qu'il trouve l'image trop laide ; mais à condition qu'il prenne garde que cette image vient de lui et de la société, et que la femme n'en est que le vif et éblouissant reflet. Voyons donc ce que nous sommes, afin de nous rendre compte de ce que nous pourrions être en droit d'exiger de la femme.

II.

L'homme est loin d'avoir dompté la misère et fait le jour en son âme.

Presque entièrement sous l'empire de l'instinct, il est cupide, envieux, batailleur, plein de mensonges et de ruses. Il écorche et écrase son prochain. Toujours à l'état de lutte, son intérêt n'étant pas coordonné à celui de son semblable, sa loi est la loi dure du *chacun chez soi, chacun pour soi.* L'association fraternelle n'est guère pour lui qu'un mot vide de sens. Sa physionomie contractée et anxieuse, ses regards froids, défiants ou haineux, son attitude d'antagoniste, d'exploité ou d'exploiteur, tout exprime et révèle l'état de son âme.

L'aspect général de la société n'est pas moins significatif et moins triste. Tout atteste sa misère, sa souffrance et sa brutalité. Les prisons, les bagnes, l'échafaud, les maisons de fous et de prostitution, les hôpitaux, l'infanticide, partout l'appareil de la force pour comprimer, enchaîner et châtier; voilà ce qui frappe les yeux et retentit douloureusement au fond du cœur. Est-il besoin, pour achever le tableau, d'insister sur le trait caractéristique de cette situation, la guerre?

Pendant la paix, la prévision de la guerre épuise les ressources des peuples, détourne du travail les plus jeunes et les plus robustes, et perd en travaux improductifs la part la plus claire du revenu des États; immense holocauste qu'il faut s'estimer heureux d'accomplir, pourvu qu'il ne se change pas en une série de lamentables hécatombes où périt par centaines de mille hommes la fleur de la jeunesse, où s'abîment les moissons et les villes, où coulent par torrents le sang et l'or des nations.

Au moral, c'est bien pis. La guerre agit sur l'espèce comme l'acte essentiellement démoralisateur. Voyez une foule espagnole, ivre de sang et furieuse de carnage pour une simple course de taureaux. Que peuvent devenir des masses enrégimentées pour tuer, par honneur, par patriotisme, par religion, pour la gloire et au son de la musique quand elle peut se faire entendre? Si l'on ajoute que ces masses endurent la faim, le froid, le chaud, la fatigue, que leur instinct de conservation est légitimement surexcité jusqu'au paroxysme, on en pourra calculer l'effroyable résultat sur l'âme humaine. L'homme devient loup et tigre, la société n'est plus qu'une mêlée de fauves.

Voilà dans quel milieu vit la femme. Elle est la compagne de ces hommes aveugles, se débattant dans la misère, acharnés à la lutte industrielle pour le pain de chaque jour et voués aux gigantesques dévastations et aux fratricides tueries de la guerre. Et maintenant, vous demandez à la femme qu'elle reste pure, candide, douce, bonne, sincère, qu'elle ait toutes les vertus comme elle doit avoir toutes les grâces!...

Eh quoi! la société produit naturellement chez l'homme toutes les difformités morales et physiques que nous connaissons, et vous vous étonnez que le plus grand nombre des femmes ne soient encore que des bimanes, qu'il y en ait de laides et de corrompues!...

Combien rencontrez-vous dans une foule de visages calmes et souriants, ouverts et sympathiques, nobles et bienveillants! C'est à peine si vos regards peuvent se reposer exceptionnellement sur quelques individus de cet ordre, tandis qu'ils sont le plus souvent affligés par ces physionomies ternes et lourdes, dures et rusées, instinctives et brutales, qui n'ont donné que trop de prise au spirituel crayon de Granville. Que de bouledogues, de renards, de loups, de pourceaux, de figures rappelant le caractère de l'animalité!

La société pourrait être comparée à un na-

vire mal construit, mal pourvu de vivres et
de moyens d'action pour naviguer sur le
grand Océan, à un navire peuplé de marins
grossiers et dirigé par des officiers inhabiles.
Souvent l'incapacité du capitaine fait faire
fausse route et échouer le grand navire. Chacun est forcément réduit à une maigre ration.
Tout le monde souffre plus ou moins. Le mé-
contentement est général, et parfois l'équi-
page se mutine et se révolte. La force, sous
l'empire de la nécessité, rétablit brutalement
l'ordre, et l'on se remet en marche tant bien
que mal.

Dans ces conditions, les faibles sont victimes, les forts oppresseurs. Les bons et les justes, en petit nombre, consultent le ciel, cher-
chent à pénétrer du regard l'immensité de
l'horizon, à découvrir l'étoile polaire. Il faut
bien de l'égoïsme et de l'aveuglement pour
ne pas sentir cette solidarité de misères et de
douleurs, pour se trouver heureux en de semblables circonstances. On ne vit qu'en arra-
chant sa part au faible, on ne respire à pleine
poitrine qu'en étouffant son voisin. Comme dans
le règne animal, les gros mangent les petits.

Pour demeurer juste, il faut être cent fois juste;
pour rester bon, il faut être cent fois bon.
L'intérêt particulier vous détourne de l'intérêt
public : l'on ne sert le second qu'en sacrifiant
le premier, et, pour cela, il faut avoir l'âme
d'un héros ou d'un martyr.

III.

Les hommes sont encore si grossiers, qu'à
l'aspect de la beauté déjà développée dans
l'espèce, on pourrait se demander si elle n'est
pas hors de proportion avec le degré de notre
civilisation. —

Faut-il y voir une munificence providen-
tielle de la nature, ou plutôt ce point lumineux ne serait-il pas d'une absolue nécessité
pour nous aider à sortir de nos limbes sociaux?
La beauté de la femme est un phare sur notre
route, un encouragement suprême. Dans les
sociétés inférieures traversées par l'humanité,
la femme peut être comparée à la colombe de
l'arche revenant avec le rameau d'olivier. La
beauté de la femme est le premier rayon lu-

mineux, qui annonce la fin des époques barbares et destructives.

Dans ces périodes sociales, la beauté ne pouvait être sans danger un don généralement
répandu; elle eût produit de funestes effets
pour les deux sexes : dégradation, asservissement, paralysie de l'idéal, attendu la nature
improgressive de la femme.

Ce résultat n'est pas douteux et ne se trouve
que trop justifié par les faits. Voyez l'état de
certaines républiques de l'Amérique espagnole, où le sexe faible est très beau, domine
l'homme ignorant et sensuel, mais est lui-même
soumis à l'influence d'un clergé catholique
comme au temps de Philippe II. Ces pays ago-
nisent dans une déplorable anarchie. Les bru-
nes filles du Goyaquil, aussi bien que les blondes
filles de Quito ou les piquantes Liméniennes,
ont également une action funeste sur les con-
trées où elles règnent. Cette fatale influence
de la beauté sur l'homme ignorant et sensuel, est visible sur l'individu comme sur les
nations.

IV.

D'après la légende, Ève est la dernière venue dans la vie. La légende n'a pas tort. La femme ne peut apparaître dans sa splendeur que lorsque l'humanité est préparée à la recevoir.

Il faut d'abord que l'homme s'affranchisse de l'ignorance et terrasse le monstre hideux de la misère; il faut que, dépouillant sa rudesse primitive, les sentiments l'emportent sur les instincts; il faut qu'il fasse effort de génie et de travail avant que la femme soit appelée et puisse se manifester dans toute sa grâce.

Les femmes des sauvages et des barbares sont des bimanes. Le plus grand nombre des femmes civilisées ne sont pas autre chose. Comme les belles roses, les femmes ne peuvent éclore que quand la science et l'industrie de l'homme ont défriché le sol, purifié l'atmosphère et constitué un milieu favorable à l'épanouissement de la fleur humaine, quand l'homme lui-même est devenu digne de la cultiver et de la cueillir en ce nouvel Éden créé de ses mains.

Tenez-le pour certain, et voyez-y un symptôme : là où l'on s'occupe beaucoup de la femme, de son sort et de son influence, c'est un signe que le mouvement évolutif de l'espèce prend de la consistance, que l'humanité s'affirme dans son double aspect, et que l'aurore sociale point à l'horizon.

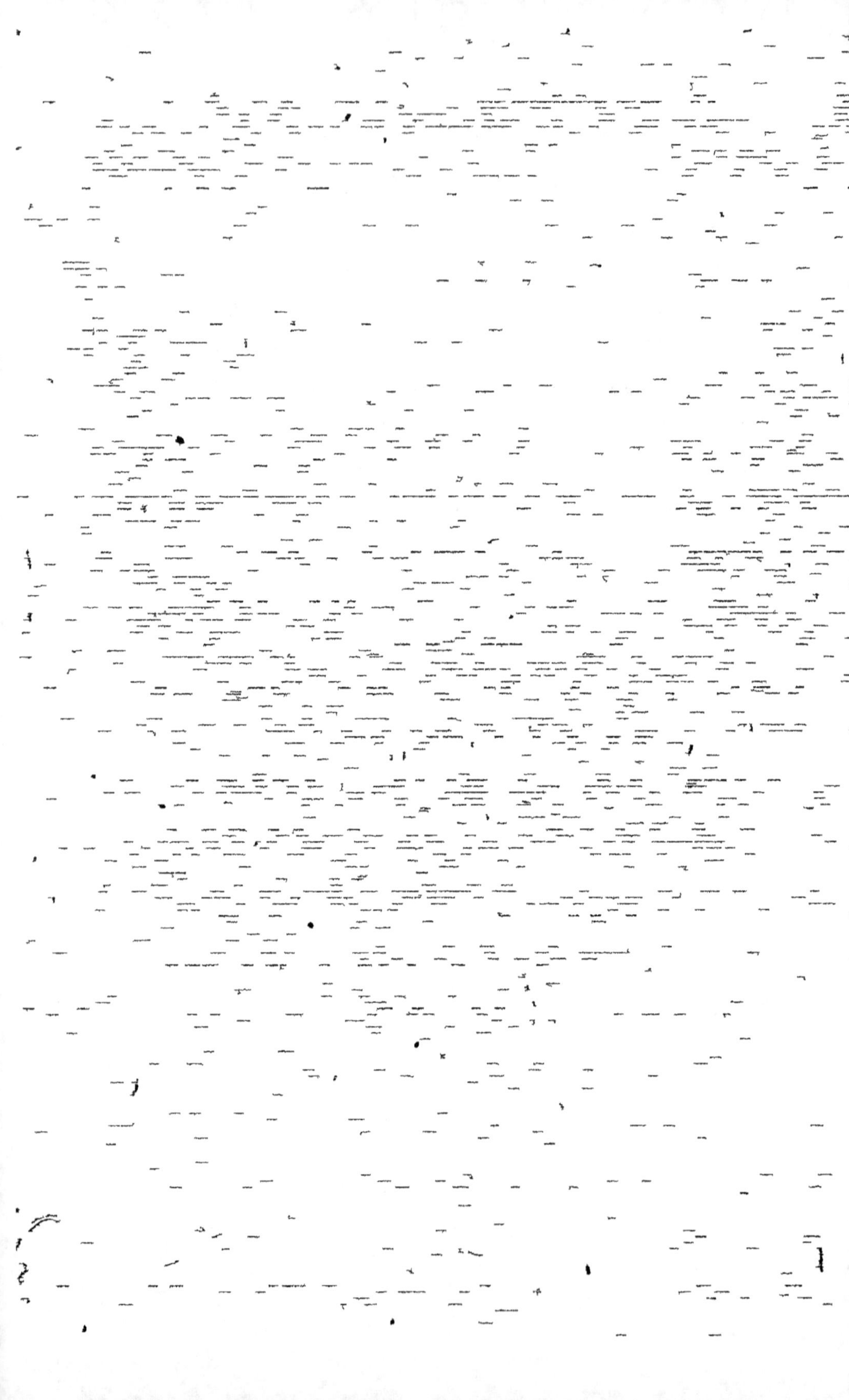

CHAPITRE XI.

LE LIT DE PROCUSTE.

I.

Trop grand pour la commune mesure.

Ce Procuste était un fameux brigand de
l'Attique, très mauvais plaisant d'ailleurs dans
sa cruauté. Il prétendait que son lit était la
juste mesure de la taille des hommes. De sorte
que, non content de dépouiller les voyageurs,
il les faisait coucher sur son lit, pour voir s'ils
avaient la juste mesure. Quand le malheureux
était trop grand il lui faisait couper les jambes dans la bonne proportion. Quand le patient était de trop petite taille, il le faisait
tirer et disloquer jusqu'à ce que son corps at-

teignît la juste mesure, celle de son lit. Il paraît que Thésée délivra l'Attique de ce monstre féroce autant que facétieux.

Que de Procustes, que de monstres aussi terribles logiciens que ce scélérat! Pour combien de gens l'opinion qui diffère de la leur est une erreur complète, criminelle, impie! Ah! tu n'as pas ma *doxie* (opinion), donc tu es hétérodoxe, hérétique. Il te faut pendre, brûler, te mettre sur un lit de Procuste quelconque, afin d'avoir raison de toi.

A première vue, ce raisonnement à la Procuste paraît pitoyable et ridicule autant qu'odieux. Et cependant l'histoire nous enseigne que trop souvent, presque toujours, on s'est conduit d'après cette belle logique. Les guerres de religion en sont une preuve lamentable, les académies nous en fourniraient également. Chacun est disposé à croire que lui seul a raison et que tout le monde a tort et se trompe. L'ignorance d'une part et la passion de l'autre, nous mènent à ces folies damnables et condamnables.

Exemple : si j'émets cette proposition : Tous les hommes ne sont pas semblables, il y en a

de petits et de grands, d'intelligents et de sots,
on m'accordera peut-être que j'ai raison et
que cela est vrai, parce que c'est l'évidence :
mais si j'ajoute que, conséquemment, on ne
doit pas leur demander d'accomplir des tâ-
ches pareilles et exiger qu'ils fassent la même
besogne, produisent une égale somme de travail et montrent une habileté et une force
égales, on ne le trouvera plus bon ni raisonnable.

On s'embrouille et l'on ne voit plus clair.
L'idée d'égalité et de justice, mal comprise,
vient obscurcir l'esprit.

De même si je dis : Comment exiger d'organisations très riches, très puissantes, qu'elles
se comportent comme des organisations moyen-
nes, ordinaires? C'est vouloir qu'un géant se
mette dans les habits d'un nain, qu'un homme
fait pour commander et diriger les autres soit
réduit au rôle de simple soldat, que Rubens
reste un rapin, Beethowen un pianiste, Newton un bon calculateur, Lavoisier un pharma-
cien, et ainsi de suite.

Il faut tirer parti de tous les hommes et de
toutes leurs facultés, de la diversité de leurs

génies et de leurs puissances, c'est pour cela que la société existe et c'est ainsi qu'elle peut progresser.

Borner, limiter, empêcher l'expansion des forces d'un homme, c'est le mutiler, cela est non moins évident que contraire à l'intérêt général de la société.

C'est à ce point de vue qu'il faut se placer pour apprécier l'existence de certains hommes et de certaines femmes, qui ne peuvent demeurer dans le cadre ordinaire de la vie commune.

Croyez-vous que Mirabeau, Byron, Hugo, Dumas fussent faits, de par la nature, pour mener la vie d'un bon bourgeois, bon père de famille, rangé et vertueux selon la coutume? Manifestement des organismes aussi puissants ne peuvent se concevoir enfermés dans d'aussi petites coquilles. Ils les brisent forcément, tout comme Gulliver se réveillant brisait en se remuant seulement les faibles liens dans lesquels les habitants de Lilliput l'avaient ligotté.

C'est pourquoi, en tenant compte des faits et de la loi de nature, nous pouvons dire avec certitude, dans la vie d'un homme supérieur :

La femme ne peut être qu'un moyen et non un but. Elle sera un moyen de développement, d'inspiration, d'équilibre, de consolation, et par là remplira un rôle de première importance. Si elle n'est plus le dieu, elle reste muse, prêtresse et sœur de charité.

Peut-on se figurer une femme comme but principal dans l'existence d'un Galilée, d'un Newton, d'un Raphaël ou d'un Beethowen, d'un Washington ou d'un Mirabeau, d'un Voltaire ou d'un Gœthe? cela serait absurde autant qu'impossible.

Les hommes que la grandeur de leurs facultés, la puissance de leur organisme appellent à vivre, à agir et penser pour leurs semblables, pour l'ensemble de la société, ces hommes ne peuvent consacrer leur vie à une femme ni à un petit foyer domestique. S'ils peuvent filer aux pieds d'Omphale pendant quelque temps, c'est pour reprendre bientôt leur massue d'Hercule et parcourir le monde, afin d'y faire régner la justice et le bien.

Ceci paraît évident de soi, et n'en blessera pas moins l'orgueil et la vanité de certaines femmes.

Néanmoins, nous allons constater également combien il serait ridicule que certaines femmes, douées d'une beauté souveraine et d'un rayonnement supérieur, fussent renfermées dans la sphère étroite et ordinaire d'un ménage, où se complaisent le plus grand nombre des femmes.

Malibran et Rachel, Mme de Staël et Georges Sand n'étaient point destinées, de par la nature, à filer de la laine sous le regard d'un époux et couver avec amour une belle nichée de marmots. Il en est de même de Jeanne d'Arc et de sainte Thérèse, de Mme Récamier et de Ninon de Lenclos.

Ce que nous avançons ici va recevoir quelque développement dans le chapitre suivant.

II.

Trop jolie pour un homme seul.

Sous une forme légère, cet adage pourrait bien recéler une bonne grosse vérité. La beauté n'est-elle pas, comme le génie, une force, une puissance, appelée à rayonner sur l'ensemble des hommes? Il ne faut pas ici considérer cette question avec l'étroitesse de nos idées courantes. Si l'on se renferme dans le point de vue particulier aux mœurs de telle ou telle société, de telle ou telle époque de l'histoire, on ne peut embrasser la question avec une complète liberté d'esprit. Le musulman vous dira que la beauté est faite pour être voilée et précieusement cachée comme un trésor au fond d'un harem. Le chrétien monogame à son tour prétendra que la beauté ne peut avoir qu'un but, fixer l'attention d'un homme et le pousser à créer une famille.

Assurément ce but est bon, il a une valeur sociale incontestable et dans bien des cas il suffit à la satisfaction de ceux qu'il réunit. De même le travail et le talent d'un homme ordinaire suffisent le plus souvent à subvenir aux besoins de son petit groupe; et ce talent et ce travail ne peuvent guère dépasser cette mesure.

Il n'en saurait être ainsi de l'homme de génie et de la femme sacrée reine par une beauté radieuse. Ni l'un ni l'autre ne sont destinés par la nature à se renfermer dans une sphère aussi modeste.

L'homme de génie dans l'art, l'industrie et la science, a une mission d'un caractère général, et sa force intime le pousse à l'accomplir à travers tous les obstacles, aux dépens de l'intérêt des siens, au mépris de sa propre existence. C'est ainsi que l'histoire nous montre qu'ont vécu les sages et les philosophes, les savants et les artistes souverains. Que leur importe de vivre et de mourir pauvres? Ce qui les occupe, c'est leur œuvre. En elle ils trouvent leur joie et le sentiment qui donne du prix à la vie.

Si telle est la situation de l'homme marqué au front par le génie, telle aussi nous apparaît la condition de la femme sacrée reine par la beauté. Appelée à exercer une action d'un caractère général sur l'espèce, son rayonnement ne doit pas être limité par les bornes étroites d'un ménage et d'une famille. Il y aurait là contradiction entre les moyens et le but. La nature ne fait rien sans motifs. Et quand une femme a reçu la puissance d'agir par sa beauté sur un grand nombre d'hommes, c'est un signe qu'un gynécée ou un ménage ne peut lui servir de cadre. Il lui faut un autre piédestal plus haut, plus large, d'où elle puisse irradier sur le monde, le soulever, l'inspirer, en se faisant adorer.

Une femme dans ces conditions est naturellement sollicitée à agir d'une façon analogue à celle de l'homme de génie. Elle ne peut vivre pour un seul ou pour quelques-uns; elle vit pour beaucoup, pour le grand nombre.

De même qu'un Phidias, un Praxitèle, ne crée pas une œuvre de génie, une Vénus de Milo, ou le Gladiateur pour être précieusement enfermés dans le cabinet d'un amateur; de même aussi la nature ne tire pas de son écrin le joyau le plus riche, une beauté merveilleuse et resplendissante pour qu'elle soit la proie d'un amant solitaire, rendu féroce par la jalousie, ou qu'elle devienne la souche respectable d'une honnête lignée.

C'est en vain qu'on élèvera protestation sur protestation au nom du devoir, de la morale et des lois positives rigoureuses, qui ont maintenu les sociétés humaines jusqu'à nos jours, avec plus ou moins de difficultés, de dureté et même de cruauté. Sans doute ces protestations émanent d'un sentiment respectable, celui de l'ordre, aussi sommes-nous des premiers à reconnaître la pureté de leur source.

Mais nous ne pouvons toutefois ne pas faire remarquer que ces protestations élevées au nom de l'ordre social sont précisément contraires au véritable ordre des choses, ordre rendu manifeste par les indications de la nature.

Lorsqu'une femme est réellement trop belle pour un homme seul, quel que soit le cercle dans lequel l'enferment les lois du moment, tout conspirera en elle et autour d'elle pour la faire sortir de ce cercle et la placer dans ses conditions naturelles de rayonnement. C'est en vain qu'on y mettra opposition et qu'on luttera contre la nature des choses. Cette opposition pourra entraîner mille conflits, mille douleurs, mille injustices, mille souffrances, mille cruautés. Cette opposition ira jusqu'à la destruction des personnes, mais elle ne renversera pas la loi de la nature, qui reproduira incessamment et à nouveau le même phénomène. Un jour la lutte cessera, parce qu'on en comprendra l'inutilité et la folie, parce qu'on sera mieux préparé, parce que la société mieux faite permettra à toutes les manifestations de la nature humaine de se produire normalement, en plein soleil.

Le génie ne sera plus persécuté, la vertu calomniée, la Beauté avilie.

CHAPITRE XII.

DU MARIAGE ET DES RELATIONS NORMALES DES DEUX MOITIÉS DE L'ESPÈCE.

Il ne saurait être douteux pour personne que sur ce point l'idéal serait que jamais homme et femme ne fussent l'un à l'autre que par le désir mutuel et le vœu de leurs cœurs.

Il en devrait toujours être ainsi. Autrement, il ne peut y avoir entre eux que souffrance, honte et violence. Le cas le moins odieux, c'est celui que nous offrent les mœurs musulmanes où la femme est traitée comme une enfant ou une captive. Pour elle, point de choix, point de goûts, aucun désir, aucun vœu ne lui sont permis, la femme subit une situation, acceptée de tous et consacrée par la religion. Telles sont les mœurs, mais par les mêmes mœurs la femme est protégée, gardée, elle fait partie de la famille polygame et suit sa fortune.

Là où la monogamie existe, il n'en est plus ainsi et la chose est plus compliquée. La femme est libre en principe, son consentement est nécessaire, et nul ne peut posséder une femme sans son aveu. Telle est la théorie. En pratique, c'est autre chose. Le plus souvent la femme est ignorante, dépendante de plus d'une façon, de la famille, de sa condition matérielle.

Dans cette situation, la volonté de la femme est fort troublée et fort incertaine. Comment choisir et se déterminer en connaissance de cause? La jeune fille ne sait pas trop ce qu'elle fait. Elle se marie à l'aveuglette, comme au colin-maillard, à qui lui tombe sous la main. Quoi qu'il en soit, d'après les lois et les mœurs, mariée, elle est en la puissance de son mari et lui appartient, corps et âme.

La femme n'est pas enfermée dans un harem, mais elle l'est dans un cercle moral formé par les lois et les mœurs. Et cette claustration, pour n'être pas visible, n'en est pas moins réelle et moins pénible. Dans certains cas, la femme opprimée peut revendiquer ses droits de créature libre, à qui on fait tort ; mais cette revendication rencontre toujours la puissance maritale et le plus souvent vient s'y briser. La loi aussi bien que les usages et préjugés sont favorables à l'homme ; c'est la tradition du passé de l'humanité. Et l'on conçoit qu'il n'en puisse être autrement.

Un certain ordre est la première condition des sociétés. Cela est aussi certain qu'il est certain que cet ordre ne s'obtient le plus souvent que par le sacrifice des uns ou des autres, et par le dévouement de quelques-uns. L'histoire est là pour en témoigner à toutes ses pages.

Les sociétés primitives ne conservent quelque ordre que par la soumission absolue de tous à l'autorité du père ou du chef ; lui seul a des droits, qui s'étendent jusqu'à à infliger la peine de mort ; les autres point. Ils ne doivent qu'obéir.

Cette autorité absolue décroît lentement et se modifie quelque peu. L'esclavage de l'homme et la sujétion des femmes ont peu à peu reçu d'importants changements.

Les marques de cet état primitif se voient

facilement encore dans les relations des travailleurs et des maîtres, dans celle du mari et de la femme. Il faut des siècles, il faut des révolutions considérables, qui font époque, pour amener lentement quelque progrès dans l'état de la sociabilité.

Avec la disparition de l'esclavage antique, et sous l'influence du christianisme, la monogamie s'est établie dans les sociétés Européennes d'abord sous la forme religieuse, puis sous la forme civile. Assurément c'était là un progrès considérable dans les relations des deux moitiés de l'espèce. Le mariage chrétien, malgré toutes ses insuffisances, contient une amélioration évidente. Il offre de grands avantages sur la famille polygame, telle que nous la voyons établie chez les musulmans.

Toutefois, il est visible que le mariage indissoluble, même avec le divorce, est loin de nous présenter un mode de relations des sexes assez complet, pour satisfaire à tous les besoins de l'espèce, à la variété des tempéraments et des caractères. Les sociétés européennes nous offrent toutes des tableaux affligeants, qui montrent combien cette forme du mariage est insuffisante. L'adultère, la prostitution aux mille formes, l'infanticide, les délits et les crimes contre les mœurs, connus et cachés en plus grand nombre, des souffrances morales indicibles allant jusqu'à provoquer la folie, tous ces troubles flagrants et partout et toujours répétés, prouvent jusqu'à l'évidence combien est étroit ce lien du mariage. Il est impossible qu'il puisse correspondre à la multiplicité des besoins des deux moitiés de l'espèce, de façon à ce que chacun soit satisfait normalement et sans que la société ressente les contre-coups de cette situation mauvaise pour les individus.

Parmi les écrivains qui se sont le plus occupés et avec le plus d'éclat de cette question des rapports des deux sexes, M. Dumas fils compte au premier rang. C'est pourquoi nous allons faire l'analyse de l'un de ses drames, où la question du mariage a été mise à la scène avec le plus de force et de bonheur. Cette pièce s'appelle *Diane de Lys*.

Le sujet, l'éternelle trilogie de la femme, du mari et de l'amant, est vieux sans doute, aussi vieux que le mariage. Cette trilogie se réduit à une dualité, qui est d'une part la nature et l'amour, d'autre part la loi ou les conventions sociales. Tels sont les deux éléments de la lutte. M. Dumas les a parfaitement déterminés. Le comte de Lys peut à bon droit être regardé comme un des plus brillants spécimens de notre société. Homme du meilleur monde, portant un beau nom, rempli de savoir-vivre, caractère facile, distingué par l'esprit et par les manières, vivant de cette vie dorée de la jeunesse qui se respecte dans ses plaisirs et ne va pas au delà de ce qui est convenable et convenu, il n'y a rien à lui reprocher au point de vue de nos mœurs sociales. C'est un parfait gentilhomme qui doit faire un beau chemin dans le monde. Les parents de Diane ont dû s'estimer trop heureux de trouver un tel mari au prix de quatre millions, et Diane elle-même ne peut qu'être très flattée dans son amour-propre d'épouse.

Voilà un admirable mariage, selon les convenances, c'est un mariage de choix et d'exception. Par malheur, Diane tient peu de place dans la vie de son mari; il lui laisse l'âme vide et le cœur inoccupé.

Diane s'ennuie. Insensible aux vulgaires hommage semés, comme des fleurs tentatrices, aux pieds de toute femme jeune, riche et jolie, rassasiée jusqu'au dégoût de toutce vain mouvement qu'on appelle la vie du monde, on conçoit que cette âme est toute ouverte à l'amour, ainsi qu'une fleur épanouie au soleil de mai. On comprend que, si cette Juliette rencontre un Roméo, elle volera au-devant de lui attirée par un irrésistible aimant. Sa vie d'automate va se changer en une vie céleste. Élevée dans les sphères supérieures, splendides, éthérées, de l'amour, elle ne pourra plus descendre à sa vulgaire et prosaïque existence d'autrefois. Diane y manquerait d'air et en mourrait. Sauvée de l'ennui par l'amour, qui remplit le vide de son âme délaissée, Diane sera perdue par lui, s'il est incompatible avec la société.

Les sages discours de Mme de Launay, sa confidente, les dévouements de son amitié, les attaques du monde, les blessures de l'amour-propre, la résistance habile du mari, les craintes, les obstacles, rien n'y fera, car elle aime et l'amour est plus fort que toute chose. Il ré-

sistera même aux machiavéliquescombinaisons
d'une intrigue vertueuse, tendant à faire croire
à l'abandon de l'amant, car l'amour vrai, profond, conserve sa foi jusqu'à la mort.

Aussi peut-on prédire que l'amour triomphera et sera vainqueur de la loi et du mari, à
moins que les amants ne soient tués par eux.
L'auteur a donné la victoire au mari par un
coup de pistolet légal. Au fond, cet acte de
brutalité n'est juste que selon la loi. Il ne
porte aucun caractère de grandeur ni d'hé-
roïsme. Ce genre de victoire est en rapport
avec la situation du mari et le caractère de la
loi. La société est satisfaite et tout est pour le
mieux.

Comme on le voit, le parti pris par l'auteur
est bien accentué et il était difficile de poser
plus nettement la question toujours pendante
entre l'amour et les conventions sociales, la
nature et la loi. C'est pourquoi je me suis arrêté à la signification de cette pièce.

On pourrait jusqu'à un certain point accu-
ser M. Dumas d'avoir laissé les amants un peu
trop dans l'ombre, de ne les avoir pas environ-
nés d'une auréole plus vive, de n'avoir pas

assez mis en relief la noblesse d'âme de Paul Aubry et la tendresse poétique de Diane.

Mais alors le mari eût été trop odieux, la morale courante n'aurait pu être satisfaite et la pièce eût été inacceptée et inacceptable. Il fallait d'abord réussir.

Eh bien, il faut le dire, si les raisonnements de Mme de Launay (la confidente) et ceux du comte de Lys sont complètement justes au point de vue des convenances, nous allons voir aisément combien ils sont grossiers et inadmissibles au point de vue de l'amour et de la nature. En effet, que dit Mme de Launay? « Il faut craindre le monde, qui ne vous pardonnera pas d'être heureuse. » Cela est aussi vrai que peu consolant, mais cela ne prouve pas à celui qui aime qu'il ne vaut pas mieux accepter les dédains du monde et en souffrir que de tuer son amour, douleur mille fois plus grande. Mme de Launay dit encore : « L'amour passe et les ennuis qu'il a forcément entraînés à sa suite restent pour vous étreindre jusqu'à la fin. »

L'amour passe, cela est incontestable, mais tout passe : la beauté, le génie, la force, la joie, tout ce qui tient à l'homme passe comme lui. Cela n'empêche pas qu'au moment où ces choses existent, elles se manifestent avec une toute-puissante et souveraine splendeur. Au moment où l'âme humaine est radieuse de génie, de force expansive, de poésie et d'amour, il n'en est pas moins certain qu'elle vit dans ce présent glorieux et qu'elle n'a que faire de songer à un avenir qui ne peut lui paraître qu'en beau.

Or, parmi les sentiments qui font vibrer notre âme, assurément l'un des plus puissants et des plus universellement reconnus, c'est l'amour. Il ne faut pas l'oublier, l'amour est le père de la vie, et lorsqu'on aime on ne peut sentir et calculer comme lorsqu'on n'aimera plus. On appartient à l'amour et la céleste extase de ses enivrements ne vous permet pas de fouler la terre de vos pieds. Ceci est tellement vrai que chaque jour nous voyons des amants, précipités de leur ciel par un accident social quelconque, ne pouvoir plus accepter notre triste existence et se réfugier dans la mort comme dans un asile. Combien d'Haydées meurent tout entières enveloppées dans le blanc

linceul de leur amour! Donc, en bonne conscience, Diane ne peut accepter les raisons de
Mme de Launay.

Voyons les arguments du mari. Je les ai gar-
dés pour la fin, parce que naturellement ils
doivent être les plus forts.

Le comte dit à l'amant : « Il se peut que la
société soit mal faite, qu'on ait eu tort de nous
marier, madame et moi; mais ce que je sais,
c'est que je suis le mari de madame, que je
l'aime, que je la garde, que rien au monde
ne peut m'en empêcher, parce qu'elle est ma
femme. Je vous donne ma parole d'honneur
que si je vous retrouve auprès de madame
dans les conditions où je viens de vous trouver, je vous donne ma parole d'honneur que
j'use du droit que la loi m'accorde et que je
vous tue. »

J'aime cette franchise, qui a quelque chose
de sauvage. Ma femme, ma propriété, je la
garde et je tue celui qui veut me la voler.
Voilà bien la tradition de ce droit, qui nous
paraît aujourd'hui antédiluvien, d'après lequel
la femme se vend et s'achète ni plus ni moins
qu'une tête de bétail. Le mari est naturel-

lement de l'opinion de ce concile resté célèbre : pour lui la femme n'a ni âme, ni volonté.

Heureusement, notre pauvre espèce ne peut manquer aux destinées que Dieu lui a imposées. Il faut qu'elle s'élève, qu'elle grandisse en dignité et en noblesse. L'homme n'est pas fait pour demeurer un enfant inculte, n'écoutant que ses instincts, puisqu'il a été doué de sentiment et d'intelligence.

Aussi par plusieurs causes et notamment sous l'influence de la morale de Jésus, qui établit définitivement la fraternité des hommes et l'unité de leur espèce, qui releva Madeleine et la femme adultère, peu à peu le code de nos lois s'est adouci. On a reconnu à la femme le droit de donner ou de refuser sa main. Dans la pratique c'est peu de chose, je le sais; en théorie, c'est beaucoup. C'est la reconnaissance de l'individualité de la femme et le point de départ de sa liberté.

Si la femme d'Europe a plus de grâces, de charme et de puissance que la femme d'Orient, c'est qu'elle est moins esclave, c'est qu'elle est plus cultivée, plus riche de ses facultés naturelles. Le degré de civilisation d'un peuple se mesure parfaitement sur celui de la condition des femmes. Plus une société est barbare, moins la femme, qui est le faible, a de charmes, de facultés et de droits. A l'origine des sociétés, le père seul est une puissance, il est la loi vivante ; la femme, l'enfant, ne comptent que comme des esclaves, le droit de vie et de mort sur tous appartient au chef de famille.

Nous sommes déjà un peu loin de cette légalité, monstrueuse à ce point que, si on la traduisait dans sa nudité devant la rampe d'un théâtre, le public ne pourrait en supporter le spectacle. Et ceci nous permet de penser qu'on ne s'arrêtera pas en si bon chemin. Un jour le droit invoqué par le mari de Diane nous paraîtra aussi barbare que le droit d'Abraham, ordonnant à Agar d'aller mourir au désert avec son fils.

Ainsi donc au point de vue philosophique le raisonnement brutal du comte de Lys ne vaut que ce qu'il vaut. C'est l'expression du pur droit de la force, réglementé par la loi.

« Je vous donne ma parole d'honneur que

j'use du droit que la loi m'accorde et que je vous tue. » La mâle brutalité de l'homme ressort ici avec un grand relief. Car si la loi excuse le mari qui tue, elle excuserait pareillement sans doute la femme qui tuerait son mari, en flagrant délit d'adultère. Seulement la force manque à la femme. Il lui est plus naturel de donner la vie que la mort. Sa sensibilité, non moins que sa faiblesse, lui défend d'égaler l'homme en violence barbare.

Il me reste à tenir compte d'une dernière partie de l'argument du mari, pour l'édification des âmes délicates : « C'est ma femme et je l'aime. »

Ce mot est sans doute à l'adresse des pharisiens de la loi, de ces parangons de vertu, toujours en règle avec les convenances. Voyez : il l'aime, il le dit et c'est son mari. Cependant elle le repousse. Peut-on être plus coupable? Peut-il y avoir trop de pierres pour lapider cette femme maudite?

Eh bien, je le demande, quelle différence y a-t-il entre un homme qui n'est pas aimé (qu'il ait ou non un contrat dans sa poche, car moralement le parchemin ne fait rien à l'affaire), quelle différence y a-t-il entre un homme qui n'est pas aimé, qui veut agir comme s'il l'était, et un pur Cosaque du Don, pillant une ville et violant la première femme qui lui tombe sous la main?

Et qu'est-ce donc que l'amour dans l'humanité si ce n'est d'abord la sympathie et l'aspiration de deux âmes? Qu'est-ce que l'amour sans le don gracieux du cœur, sans l'enivrement mutuel des amants? Et qu'y a-t-il de plus précieux, de plus exquis, de plus souhaité, de plus indispensable à l'amour que le retour du cœur, que la tendresse de l'objet aimé? L'éternel dialogue des amants est tout entier dans ces mots sacrés : *Je t'aime, m'aimes-tu?* L'un est aussi essentiel que l'autre. Je le proclame donc hautement : celui-là qui prétend aimer malgré les dieux, je veux dire sans être aimé lui-même, celui-là sort de la civilisation et retourne à la barbarie.

Chose singulière! et qui montre une fois de plus combien nos cœurs sont encore durs, combien nos mœurs sont grossières, d'après le monde, la loi, la morale vulgaire : nous *amnistions*, nous admirons presque cet amour partagé de deux âmes qui s'aiment, pourvu qu'on n'aille pas au delà. C'est ainsi que Mme de Launay dit à Diane : « De loin tu souriras à cet amour dont nul ne t'empêche de garder le pur souvenir au fond de ton cœur. » Ainsi, Diane, en continuant d'aimer de cœur Paul Aubry et en se résignant à être aimée de son mari qu'elle n'aime pas, Diane serait admirée, respectée, vertueuse selon la loi et les convenances. Le comte de Lys, en aimant sa femme malgré elle, serait également vertueux et inattaquable, toujours selon la loi.

Quel renversement d'idées! quelle effroyable morale? et comme la pureté du cœur, la chasteté naturelle y trouvent leur compte!

Là où il n'y a pas désir mutuel et sympathie, là où il n'y a pas mariage des âmes, l'union des corps est une souffrance et une honte. Si vous n'êtes pas aimé d'une femme, fussiez-vous son mari, je dis que, si vous prétendez en user avec elle comme si elle vous aimait, vous profanez le mot amour, qui ne peut s'entendre que d'un sentiment partagé. Je dis que vous sortez de la nature humaine, en ne sentant pas que la condition essentielle pour avoir les joies de l'amant, c'est d'être aimé soi-même.

Le mot amour ne peut s'appliquer à la satisfaction d'un individu, lorsque cette satisfaction ne peut être obtenue qu'au prix de la souffrance d'autrui. Ce sera de la brutalité, légale si vous voulez, ce ne sera pas de l'amour. Ce sera pis encore, car cette prétendue satisfaction, obtenue au prix de la douleur, vous dégrade et vous démoralise vous-même, comme elle dégrade et flétrit celle qui en est l'objet. Cette satisfaction anormale fait plus que des malheureux, elle fait des êtres viciés.

La dernière partie du raisonnement du comte de Lys est encore plus détestable que la première, et tous ces discours valent encore moins que ceux de Mme de Launay, qui n'ont aucun fond sérieux.

Il serait plaisant d'être accusé de matérialisme et d'immoralité par les souteneurs du droit de la force, par ceux qui ne tiennent compte que du corps et lui sacrifient les droits les plus sacrés de l'âme et de la conscience humaine.

Ces gens vous diraient naïvement : Vous êtes immoral en prétendant qu'il faut de la réciprocité dans l'amour pour que l'union de l'homme et de la femme soit noble et pure ; et nous, nous sommes les vrais défenseurs de la morale, en déclarant que, dès qu'une femme appartient légalement à un homme, il a le droit de la considérer comme sa propriété, qu'elle le veuille ou non, qu'elle en soit heureuse ou révoltée. Là est son devoir.

Ces gens-là ne comprendront jamais qu'il y a plus d'amour et de bonheur dans l'unique baiser de Roméo et de Juliette que n'en renfermera jamais le sérail du grand Turc.

Tous les poètes ont toujours été du parti de l'amour contre les institutions sociales incomplètes, qui étouffent cette flamme sacrée. Notre Molière a soutenu la même cause avec non moins de charme que de puissance. Quoi de plus fort, dans sa naïveté, que la scène d'Agnès et d'Arnolphe ? Les réponses innocentes de l'une font un contraste frappant avec les lourds arguments de l'autre. La nature n'a qu'à se montrer dans sa simplesse et dans sa vérité pour renverser, devant la conscience humaine, tout l'échafaudage des convenances et de la légalité.

Rappelons cet admirable dialogue. On ne saurait trop écouter le génie venant en aide au vrai.

AGNÈS.

Pourquoi me criez-vous?

ARNOLPHE.

J'ai grand tort en effet!

AGNÈS.

Je n'entends point de mal dans tout ce que j'ai fait.

ARNOLPHE.

Suivre un galant n'est pas une action infâme?

AGNÈS.

C'est un homme qui dit qu'il me veut pour sa femme :
J'ai suivi vos leçons, et vous m'avez prêché
Qu'il se faut marier pour ôter le péché.

ARNOLPHE.

Oui; mais pour femme, moi, je prétendais vous prendre,
Et je vous l'avais fait, ce semble, assez entendre.

AGNÈS.

Oui; mais à vous parler franchement, entre nous,
Il est plus pour cela selon mon goût que vous.
Chez vous le mariage est fâcheux et pénible,
Et vos discours en font une image terrible;
Mais, las! il le fait, lui, si rempli de plaisirs,
Que de se marier il donne des désirs.

ARNOLPHE.

Ah! c'est que vous l'aimez, traîtresse!

AGNÈS.

Oui, je l'aime.

ARNOLPHE.

Et vous avez le front de le dire à moi-même!

AGNÈS.

Et pourquoi, s'il est vrai, ne le dirais-je pas?

ARNOLPHE.

Le deviez-vous aimer, impertinente.

AGNÈS.

                Hélas!

Est-ce que j'en puis mais? Lui seul en est la cause,
Et je n'y songeais pas lorsque se fit la chose.

ARNOLPHE.

Mais il fallait chasser cet amoureux désir.

AGNÈS.

Le moyen de chasser ce qui fait du plaisir?

ARNOLPHE.

Et ne saviez-vous pas que c'était me déplaire?

AGNÈS.

Moi? point du tout. Quel mal cela vous peut-il faire?

ARNOLPHE.

Il est vrai, j'ai sujet d'en être réjoui!
Vous ne m'aimez donc pas à ce compte?

AGNÈS.

                        Vous?

ARNOLPHE.

                           Oui.

AGNÈS.

Hélas! non.

ARNOLPHE.

Comment non!

AGNÈS.

Voulez-vous que je mente?

ARNOLPHE.

Pourquoi ne m'aimer pas, madame l'impudente?

AGNÈS.

Mon Dieu, ce n'est pas moi que vous devez blâmer.
Que ne vous êtes-vous, comme lui, fait aimer?
Je ne vous en ai pas empêché, que je pense.

ARNOLPHE.

Je m'y suis efforcé de toute ma puissance;
Mais les soins que j'ai pris, je les ai perdus tous.

AGNÈS.

Vraiment, il en sait donc là-dessus plus que vous,
Car à se faire aimer il n'a point eu de peine.

ARNOLPHE (à part).

Voyez comme raisonne et répond la vilaine!
Peste! une précieuse en dirait-elle plus?
Ah! je l'ai mal connue, ou, ma foi, là-dessus,
Une sotte en sait plus que le plus habile homme.

Maintenant, après avoir rendu hommage au
plus grand génie de la scène française, à l'un
de ceux qui font le plus d'honneur à la nature
humaine, concluons sur ce point.

Si la monogamie a été un grand progrès
sur la polygamie, il faut reconnaître que
le mariage, tel qu'il est pratiqué aujourd'hui,
est souvent destructif de l'amour et contraire

à la nature. Or, la nature et l'amour sont immortels, tandis que les institutions des hommes sont passagères et ne peuvent avoir pour but que le développement de l'espèce humaine. Meilleure sera la société, meilleur sera le mariage, cela est certain. Quand la question de sentiment sera débarrassée de la question d'intérêt, on aura beaucoup fait. Mais ne serait-il pas téméraire de déclarer que la monogamie est le mode suprême, exclusif, destiné à régler à jamais les rapports de l'homme et de la femme? D'innombrables souffrances physiques et morales connues et inconnues ne sont-elles pas là pour répondre avec une éloquence à laquelle il n'est besoin de rien ajouter?

On ne devrait jamais mettre en oubli cette pensée profonde de Montesquieu : « Toutes les fois qu'on défend une chose naturellement permise et nécessaire, on n'arrive qu'à rendre malhonnêtes gens ceux qui la font. »

Puis, il importe de comprendre que cette question des rapports des deux moitiés de l'espèce, précisément parce qu'elle est fondamentale, est nécessairement liée de la manière la plus intime avec la question de l'état économique et de l'état moral de la société.

Que peut-on attendre d'une société misérable, où les membres du corps social souffrent de la faim, du froid, du manque de ressources matérielles? Qu'attendre encore d'une société ignorante et corrompue? Ce n'est point dans de tels milieux qu'il peut être question de s'occuper utilement de régler pour le mieux les rapports des deux sexes.

On ne peut s'occuper d'une question aussi délicate qu'elle est fondamentale, qu'au sein d'une société pourvue du bien-être matériel, et déjà développée moralement par une certaine éducation et une instruction générale.

Pour que l'amour puisse être libre, pour que l'homme et la femme puissent jouir de cette joie souveraine de ne s'appartenir que par leur mutuel désir, et donc. pour qu'il n'y ait entre eux que des rapprochements propres à les élever tous les deux, à ennoblir leurs âmes, en les comblant de joie et d'ivresse, cette béatitude suppose un degré de sociabilité bien au-dessus de celui que nous connaissons.

A l'heure qu'il est, les instincts dominent trop les sentiments, les sens et l'imagination déréglée ont trop part à l'action de notre volonté pour qu'il ne résulte que des harmonies du contact des deux moitiés de l'espèce. De la part de l'homme, la force impulsive est trop violente pour n'être pas aveugle; de la part de la femme, le désir de plaire dépasse trop le besoin d'être aimée et d'aimer soi-même pour que dans cet embrassement il n'y ait beaucoup de heurts, de mécomptes, de froissements et finalement de souffrances et de dégradations.

Pour que l'amour soit pur, noble, complet, il faut qu'il soit libre. Pour que l'amour puisse être libre, il faut que par leur développement moral l'homme et la femme soient dignes de la liberté et capables de la pratiquer dans un milieu social favorable. Nous n'en sommes pas là.

CHAPITRE XIII.

MADAME ROLAND.

I.

L'histoire nous offre quelques types féminins, propres à nous révéler la nature intime du sexe, pourvu qu'on n'omette pas de tenir compte des époques et des circonstances. Parmi ces types qui sont demeurés dans la mémoire des hommes, il en est qui peuvent nous servir comme de jalons pour nous permettre d'entrevoir les heureuses modifications que le progrès social doit amener chez les femmes.

Notre rapide esquisse sur Mme de Longueville nous a fait connaître une nature féminine d'un titre élevé, que les circonstances avaient fatalement influencée.

Mobile, vibrante au plus haut degré, venue ainsi qu'une plante délicate dans la serre chaude des hautes sphères sociales, à une époque violente quoique moins grossière que celle où vécut l'infortunée Marie Stuart, Mme de Longueville fut tout à fait et essentiellement femme, mais elle ne dépassa pas la femme de son temps. Telle qu'elle est Mme de Longueville plaît et il est vrai de dire qu'elle fut une charmante expression et une gracieuse victime de son siècle. La noble femme dont le nom impérissable est inscrit en tête de ce chapitre s'est développée dans des circonstances plus favorables que celles qui décidèrent du sort de l'aventureuse héroïne de la Fronde ; si Mme Roland fut aussi une aimable et sublime victime de son époque, elle arriva à l'échafaud préparée, tout à fait mûre pour le sacrifice et digne de l'immortalité.

Aussi femme que Madame de Longueville, Madame Roland fut mieux traitée par la nature et par la société ; moins belle peut-être, de cette beauté en dehors qui frappe tout le monde, et gagne tant au relief que lui ajoutent la naissance et la richesse, madame Roland avait, outre la grâce féminine, le charme qui résulte de l'illumination d'une grande âme. Si, chez madame de Longueville, le vase était plus délicat et plus finement ciselé, chez madame Roland la lumière intérieure était plus pure, plus ardente et plus radieuse.

Madame de Longueville dut naturellement recevoir plus d'hommages et d'adulations. On pourrait la comparer à la rose merveilleuse épanouie dans une porcelaine de Sèvres. Madame Roland eut les commencements de l'humble violette. Elle passa sa jeunesse à l'ombre, dans le recueillement, la solitude et le travail. Son parfum y gagna et son âme en sortit plus haute, plus forte et plus grande.

Fille d'un graveur, demeurée l'enfant unique d'une mère sage et distinguée, au sein d'une vie bourgeoise et modeste qui lui permit de s'instruire et de se livrer à son goût pour l'étude, madame Roland eut une jeunesse heureuse et bien remplie par des affections douces et la culture incessante de son âme. A neuf ans, elle fut enthousiaste de Plutarque, puis devint une chrétienne fervente, digne des beaux temps de la primitive Église. Son besoin de connaître, son amour de la vérité et de la justice en firent un chercheur infatigable. L'ardeur de son âme insatiable la poussait à tout dévorer pour tout s'assimiler : histoire, philosophie, morale, poésie, les arts et même un peu les sciences. Tout lui était bon et tout profitait à cette âme saine, à cette intelligence droite.

Madame Roland touchait à sa vingtième année quand elle éprouva le premier grand malheur de sa vie. Sa mère mourut en quelques heures et faillit entraîner dans sa tombe l'orpheline, tant elle ressentit vivement et profondément cette perte cruelle. Son consolateur le plus efficace fut Rousseau, ce malheureux Rousseau qui, à travers ses paradoxes et ses erreurs, a tant aimé la vérité, la vertu, la nature, les hommes eux-mêmes et en a parlé avec la plus entraînante éloquence. C'est à cette époque qu'elle lut la *Nouvelle Héloïse* et reçut l'atteinte de cette âme passionnée en rapport avec la sienne par ses hautes aspirations. Madame Roland passa environ cinq années, veillant au ménage de son père, qui bientôt se dérangea

gravement et compromit sa petite fortune.
Contrainte de se retirer dans un couvent avec
une pension modique de cinq cents livres, sauvée à peine du naufrage, elle y vécut près d'un
an, avec la simplicité et le contentement d'un
stoïcien.

Ayant vu du monde assez pour le connaître
et le deviner, pas assez pour en recevoir de
trop vives impressions et y donner beaucoup
de temps, madame Roland ressentit en une occasion un amour, qui, pour une âme comme
la sienne, ne pouvait être pris que de haut et
avec un noble enthousiasme. Elle y renonça,
non sans douleur, en reconnaissant l'insuffi-
sance de l'objet de cette belle passion.

C'est merveille que d'assister à l'éclosion
d'une aussi riche et splendide nature. Par une
rare fortune, il est possible de s'en donner la
joie. En 1840 on a publié deux volumes de
lettres comprenant toute la correspondance
de madame Roland avec ses amies intimes,
mesdemoiselles Cannet, d'Amiens. Ces lettres,
écrites au jour le jour et dans l'abandon de la
franchise la plus complète, racontent en détail ce que la captive ne put que résumer plus

tard à grande hâte dans ses Mémoires, écrits sous le couperet de la guillotine. Rien de plus attrayant et de plus instructif que le spectacle de cette âme, qui se dévoile dans ses plus humbles replis et se montre grandissant chaque jour par le bénéfice des années et de l'étude.

Il fait bon voir comment tout a contribué à développer en madame Roland une âme forte et bienveillante, un esprit droit, un cœur sain, affectueux jusqu'à la tendresse, l'habitude de la réflexion et du travail sauveur et consolateur.

Sortie de sa retraite philosophique, en épousant un homme d'un beau caractère, digne de toute estime, mais qui avait vingt ans de plus qu'elle, madame Roland sut se montrer une épouse accomplie, une mère tendre, une ménagère intelligente et ordonnée, et toujours et partout, à la ville et à la campagne, une femme bienveillante, affectueuse, la lumière, la chaleur, la paix et la joie du foyer domestique.

La Révolution trouva madame Roland à l'apogée de son épanouissement vital. Elle avait trente-cinq ans quand sonna 89. Élève de Plu-

tarque, de Tacite et de Rousseau, fille de ce
dix-huitième siècle, si grand par ses aspirations
philosophiques et sociales, madame Roland accueillit la Révolution avec l'enthousiasme d'un
grand cœur en qui la justice habite, d'une
haute intelligence en qui la lumière est faite,
d'une âme héroïque également prête pour le
triomphe ou le sacrifice. Elle salua avec ivresse
l'aurore des jours meilleurs pour ses semblables.

Depuis longtemps associée aux travaux de
son mari, madame Roland fut toujours à ses
côtés et quelquefois dans son cabinet. Trop
sensée pour ne pas mettre le plus grand soin à
conserver son rôle de femme, elle ne songea
jamais à se poser en homme d'État, bien qu'on
puisse lui en trouver l'étoffe. Elle se tint
dans son salon, comme c'était son devoir, et,
à l'occasion, elle y laissa briller son éloquence,
son amour de la justice et de l'humanité. En
ce sens, il est vrai de dire qu'elle fut la muse
et la grâce des Girondins, de ces hommes dont
elle blâma souvent les fautes, accusa l'insuffi-
sance, mais dont l'histoire a consacré la noblesse d'âme et le sincère patriotisme.

Elle ne sortit de la vie domestique qu'en de rares circonstances, pour paraître à la barre de l'Assemblée et confondre un vil calomniateur, aller en prison, subir un jugement dérisoire autant qu'inique et monter à l'échafaud innocente, vertueuse, sublime, la pitié et le pardon aux lèvres, l'amour au cœur et l'esprit dans la lumière.

Heureusement pour l'histoire et pour l'étude de la nature féminine, madame Roland a laissé des mémoires et des lettres en assez grand nombre pour qu'on puisse apprécier avec pleine justice la noble et touchante victime de notre orage révolutionnaire.

Il nous a été donné de tenir entre les mains le manuscrit de ces Mémoires, aujourd'hui déposé à la bibliothèque de la rue Richelieu. Nous en avons feuilleté les pages, dont quelques-unes ont été altérées par les larmes brûlantes de l'illustre prisonnière. Ce manuscrit a été remis tel quel à l'impression et on y lit encore les noms des compositeurs. M. Bosc, premier éditeur de cet appel à la postérité, a pris sur lui de supprimer quelques passages, notamment ceux qui sont relatifs à un amour hautement avoué, mais que madame Roland crut devoir renfermer dans les bornes du pur sentiment.

Nous constatons plus loin un chapitre entier à la noble passion d'amour éprouvée par Madame Roland. Cet épisode de la fin de la vie est trop important pour n'être pas traité à part.

En outre, les accents passionnés de cette moderne Héloïse ne pourront manquer de toucher les cœurs sensibles.

L'histoire et la biographie de madame Roland ne sont pas à faire, car, nonobstant quelques lacunes regrettables, elle a laissé d'elle-même une telle peinture, qu'on doit craindre d'y toucher.

Ses Mémoires, les lettres publiées par Bosc et Bancal des Issarts, les deux volumes contenant ses lettres de jeune fille, peu connus mais qui méritent de l'être beaucoup, permettent d'assister jour par jour au développement de cette organisation d'élite. Madame Roland est là tout entière. Elle vit et respire dans son œuvre, sa grande âme s'y montre dans tout son rayonnement.

On y voit son bon sens, sa droiture, ses généreuses aspirations, son amour profond de la nature et de la vérité, sa haute et universelle bienveillance, son dévouement à tout ce qui souffre, son goût pour les arts, ses fortes études, sa puissance de travail et de réflexion, sa gaieté franche, son humeur égale, sa douceur, sa contenance ferme, modeste et gracieuse, tout ce qui peut composer une femme charmante, une amie sûre, une mère tendre, une amante incomparable, un être fort et sublime, capable de tous les héroïsmes et digne de toutes les adorations.

Il est un trait qui ne pourra manquer de frapper le lecteur attentif, c'est le sentiment religieux qui anime une âme de cette trempe. Ceci est capital et mérite de nous arrêter.

Jeune fille, madame Roland est une pieuse et ardente catholique; elle est sur la pente de l'ascétisme, comme il convient à un esprit aussi logique, à un cœur aussi noble. Ses amies, mesdemoiselles Cannet, sont religieuses comme elle, mais avec moins de puissance. C'est pourquoi elles vivront et mourront catholiques, n'ayant pu rompre leurs liens avec le passé.

Les religions établies ont consolé de grandes infortunes et soutenu dans leurs plus cruelles épreuves d'autres femmes illustres : madame de Longueville, après les orages de sa jeunesse évanouie, Marie Stuart dans sa longue captivité et son supplice. De même, le faible et honnête Louis XVI, la malheureuse Marie-Antoinette, ont supporté avec une dignité croissante le poids d'une situation de plus en plus horrible, grâce aux secours tout-puissants de l'idée catholique. La foi, d'où qu'elle vienne, fait des héros et des martyrs. L'histoire le constate à chacune de ses pages.

Mais, en madame Roland, il s'agit d'une âme qui, dépassant les formes religieuses, se place au niveau des intelligences les plus élevées de l'espèce, à côté de Socrate et de Marc-Aurèle, de Descartes et de Leibnitz, de Voltaire et de Rousseau.

Représentons-nous madame Roland dans cette crise suprême où elle ne voit partout que sottise, violence, lâcheté; où tout est perdu pour elle, fille, époux, amis; où tout paraît sombrer sous ses yeux, la patrie et la conscience humaine elle-même. Elle ne peut rien attendre des hommes, qui lui font justement horreur. Elle est seule en face d'un si affreux destin, seule en face de Dieu, seule avec sa grande âme, comme Socrate et Caton, comme cette autre héroïne de Corneille, notre sublime Charlotte Corday, dont il ne nous reste, hélas! qu'un admirable profil.

En cette extrémité dernière, alors qu'elle semble abandonnée de Dieu et des hommes, madame Roland ne blasphème ni ne maudit. Elle possède toujours vivant, lumineux, le trésor de sa foi, lentement et laborieusement amassé. Et c'est avec confiance que la noble femme affronte le mystérieux infini.

Notre terre peut-elle offrir un plus admirable spectacle? Il s'agit, pour le corps, du dernier combat; pour l'intelligence, du dernier problème; pour le sentiment, du dernier acte de foi et d'amour.

Quoi de plus facile que de se laisser brûler, écarteler, manger aux bêtes, quand on tient déjà à la main la palme du martyre et qu'on se voit dans le ciel, couronné de la gloire des élus? C'est ainsi que le musulman se rue à la mort avec enthousiasme, croyant entrer du même coup dans le paradis de Mahomet, et que l'Hindou se fait pieusement écraser sous le char de Brahma. Rien de plus simple. Chacun de ces rudes gagneurs de paradis partage une foi commune, pratiquée autour de lui, dont les signes sacrés et les interprètes révérés le soutiennent et l'exaltent.

Mais où est l'appui de madame Roland dans ce redoutable passage de l'éternité, qui faisait trembler Pascal et bien d'autres? Elle n'a que sa grande âme et sa conscience immaculée.

Je veux bien qu'on admire l'homme dans l'action, les marins du *Vengeur* s'abîmant dans les flots en poussant un cri de liberté. Je demande qu'on admire encore davantage Keppler souffrant la faim et découvrant ses lois, Colomb à la recherche de son monde avec deux misérables caravelles, Galilée dans sa vieillesse vénérable, traîné devant le Saint-Office, Bernard de Palissy brûlant ses derniers meubles.

Je demande encore plus d'admiration pour Michel de l'Hospital, faisant le bien et rendant la justice pendant huit années entre Médicis et les Guises, au milieu des haines et des fureurs des guerres de religion; pour Bolivar affranchissant sa patrie et lui offrant son exil en sacrifice; pour Washington, conquérant l'indépendance de l'Amérique et n'employant son pouvoir qu'à la défendre contre elle-même, contre son inexpérience, afin de mourir simple citoyen d'un pays libre.

Certes, en considérant ces divers aspects de la force, de la grandeur et de la noblesse de l'âme humaine, on se sent fier d'être homme, on se réjouit d'appartenir au genre humain. Mais, devant madame Roland, enveloppée de la blanche robe qui la protège contre le sang, l'âme si pleine de bons sentiments, si radieuse de hautes pensées, qu'elle oublie les cris sauvages de la foule en démence, et livre, sereine et confiante, sa belle tête au bourreau, on s'incline sous une émotion plus touchante et plus profonde que devant Socrate buvant la ciguë.

Et c'est justice, car l'acte est plus grand.

Socrate meurt à soixante-dix ans, d'une mort douce, entouré de ses disciples qui confirment par leur présence la philosophie dont

il fut le promoteur; madame Roland meurt
pleine de vie, violemment, dans des circonstances atroces, après une agonie morale de
cinq mois, pouvant désespérer de la liberté
et même, comme Caton, du salut de sa patrie.

Nous ne connaissons pas de spectacle plus
digne de susciter les sentiments de l'âme et
de mériter davantage une admiration sans réserve. Tant qu'il y aura une histoire, tant que
les hommes aimeront le beau, le bien et le vrai,
madame Roland demeurera debout sur son
rouge piédestal, adorée, glorieuse et toute
resplendissante d'immortalité.

Considérations générales à propos
de madame Roland.

Nous avons insisté avec plus de détails sur
madame Roland, parce que c'est le plus beau
et le plus admirable type de femme, révélé
par l'histoire et des documents suffisamment
complets. Certes, nous sommes loin de croire
que la nature produise jamais en grand nombre
des femmes semblables, même dans les meil-

leures conditions de sociabilité. Il y a là une donnée première, une organisation rare et exceptionnelle.

Cependant, on doit remarquer dans quel milieu se sont développés cette droite raison, ce cœur sain, cette âme élevée, ce caractère doux et mâle à la fois. C'est à un foyer modeste, dans une sphère tranquille où le cœur peut s'épanouir normalement, où les sens et l'imagination ne sont pas surexcités, où l'on est à même de sentir et de comprendre l'existence sous ses formes diverses, depuis le pauvre et l'ignorant jusqu'au riche et au puissant.

Quelles que soient d'ailleurs les différences de nature, qui ne voit que Marie Stuart et madame de Longueville eussent été tout autres, en venant à la vie dans des conditions analogues à celles où vécut madame Roland?

Élevée à la cour dissolue d'Henri II et de Catherine de Médicis, sous la domination de ses oncles, les Guises, objet des intrigues de ces grands ambitieux, ayant au front le double éclat d'une beauté souveraine et des couronnes de France et d'Écosse, orpheline et veuve à dix-neuf ans, sans appuis, sans conseils autres que ceux du politique Murray qui la trahit quoique comblé de ses bienfaits, jetée à vingt ans au milieu des haines féroces de ses grossiers barons, en face du presbytérianisme de Knox et de la jalousie perfide d'Élisabeth, devenue un point culminant de cette société du xvi° siècle, de mœurs encore si barbares et tout enfiévrée de fanatisme, incessamment en butte à toutes les flatteries et d'abord comblée des faveurs de la fortune, buvant à pleine coupe la double ivresse du pouvoir et de la beauté, vivant au sein de tout ce qui peut exalter l'orgueil, affoler la vanité, faire perdre la raison, corrompre les sentiments, exciter les sens, que pouvait-il advenir de l'infortunée Marie? Que pouvait-il résulter d'une semblable situation, sinon erreurs de toute sorte et crimes de tout genre?

Le tableau est le même pour madame de Longueville, bien que moins sombre d'une part et moins brillant de l'autre. La fatalité de leurs positions les perd également. Si le caractère de la belle frondeuse a beaucoup d'analogie avec celui de la tragique Marie d'Écosse, sa fin est moins cruelle parce que

la scène est moins vaste, le rôle moins important et l'époque moins mauvaise. Un voile
religieux protège et adoucit les dernières années de l'aimable princesse. Elle embrasse
avec une incontestable grandeur d'âme, une
bonne foi naïve et sincère, le culte pratiqué
de son temps. Elle y puise de suprêmes con-
solations, comme la sensible et tendre Lavallière, aux blessures plus sympathiques et plus
profondes.

Le progrès social que nous avons signalé,
réalisant chaque jour de meilleures conditions pour les femmes, il est légitime d'en
conclure qu'il leur sera plus possible de se
rapprocher de cette grande et suprême gloire
de leur sexe, madame Roland, et d'éviter les
destins cruels de Marie Stuart et de Madame de
Longueville.

Dès que l'humanité s'affirme dans une certaine forme sociale, toujours un type de femme
caractérise l'époque d'une façon lumineuse
et fait un heureux contraste avec les récits
de batailles.

L'époque biblique a ses femmes, Sara, Rachel, Rébecca ; les temps héroïques produisent

Hélène et Pénélope ; le siècle de Périclès s'accentue par Aspasie ; la vieille Gaule par Velléda ; les beaux temps de Rome par Lucrèce, Virginie, Cornélie, son impériale décadence par Cléopâtre, Messaline, Julie ; la fin du cycle grec, dans sa floraison alexandrine, par Hypathie. Le moyen âge se caractérise par le type naïf et lumineux de Jeanne d'Arc, par Héloïse, l'amante héroïque ; la renaissance par Diane de Poitiers, la reine Marguerite, Marie Stuart ; le siècle de Louis XIV, par l'épanouissement d'une corbeille de fleurs féminines, aux parfums divers, Sévigné, Longueville, Henriette d'Angleterre, Lavallière, Montespan, Maintenon et son amie, Ninon de Lenclos, l'honnête homme. La Régence et l'époque de Louis XV ont modelé ces femmes si jolies dans leurs grâces maniérées, si piquantes avec leurs mouches, si court vêtues, si légèrement lestées de morale et d'une allure si folle sur les petites mules qui chaussent leurs pieds mignons. Le siècle, en se faisant sérieux, nous donne mesdames du Châtelet, du Deffand, Geoffrin, Lespinasse, d'Épinay, Necker, sous l'aile de qui s'agite déjà l'enthousiaste Corinne. La Révolution nous montre, dans un nimbe de pourpre, madame Roland, Charlotte Corday, Lucile Desmoulins, la noble et malheureuse Marie-Antoinette, mesdemoiselles Fernig et madame de Lescure la Vendéenne.

La femme, nous ne saurions trop insister sur ce point, est le produit du milieu, qui la façonne, pour ainsi dire. Comment s'étonner de la variété de caractères qu'elle offre à l'observateur, puisqu'elle est le miroir d'époques et de situations si différentes? On conçoit, d'après cette même observation, que la Rochefoucauld, la Bruyère, etc., aient porté sur les femmes des jugements défavorables. Ils avaient raison comme observateurs des faits, s'ils avaient tort comme philosophes, appréciant la nature propre de la femme. Ils ont bien vu la surface et mal connu l'intérieur.

Cette façon de procéder réduit presque à néant tout ce qu'on a écrit sur les femmes. On ne tient compte que de ce qu'on voit, et ce qu'on voit est le produit fatal de la société du moment. Il en résulte qu'on est aveugle sur le fond même de la nature féminine, qui reste caché par le vice de la société.

CHAPITRE XIV.

MADAME DE SÉVIGNÉ.

Si l'on peut s'aventurer à chercher des analogies chez deux femmes, séparées par plus
d'un siècle et des mœurs fort différentes, la
femme de l'époque de Louis XIV qui aurait le
plus de rapports avec madame Roland serait
sans contredit madame de Sévigné.

Je demande à ce que l'on m'entende pour
qu'on ne se récrie pas de plus d'un côté à la
fois.

Avant de rien dire sur le fond commun et
intime de chacune de ces femmes illustres,
voyons d'abord ce qui tient aux époques et caractérise les milieux où elles vécurent. Dans le
domaine des sentiments, dans celui des idées
générales, dans le domaine des faits, les phy-

sionomies des xvii° et xviii° siècles diffèrent singulièrement.

Lorsqu'on écarte les splendeurs, les triomphes et les magnifiques apparences dont les
historiens superficiels se sont complu à remp-
plir le règne de Louis XIV, lorsqu'on l'étudie
par les contemporains à vue élevée, tels que
Fénelon, Vauban, ou bien les exacts narrateurs
des faits, tels que Saint-Simon, la princesse
Palatine, on est contraint de reconnaître que
la vie sociale du temps était encore fort triste
et très grossière. Le tableau est si laid que les
lecteurs en soutiendraient difficilement la vue.

Le grand roi règne sur une foule de cour-
tisans, couverts de riches habits, mais fort pauvres de sentiments, courbés sous l'étiquette,
mais très mal réglés dans leur for intérieur.
La basse cupidité, l'ambition mesquine, les
intrigues déloyales, la trahison impudente,
des mœurs ignobles jusque chez les premiers
personnages de la cour, c'est là ce qui forme
le fond commun de cette société de si belle apparence. Il est incontestable que l'entourage
galant de l'épicurienne Ninon de Lenclos,
maintenu par le goût et l'esprit, mérite en

comparaison d'être regardé comme une école *d'honnêteté.*

Corruption, sensualité, hypocrisie, voilà ce que nous trouvons en haut; en bas, nous allons voir, comme toujours, ignorance et misère. Henri IV, Sully, Olivier de Serres avaient commencé à développer sérieusement l'agriculture; ce mouvement fut arrêté court par l'obligation, pour les possesseurs du sol, d'aller à Versailles, de servir le roi, et par des guerres incessantes. Colbert fit en vain de grands efforts en faveur de l'industrie et du commerce. La jalousie de Louvois, le fol orgueil du monarque, les dépenses de la cour et de la guerre, la révocation de l'édit de Nantes, qui chassa les protestants, les dragonnades qui achevèrent de ruiner le pays, les désastres de la fin du règne, tout explique la profonde détresse des populations.

Malgré son épaisse ignorance et son infatuation de lui-même, Louis XIV ne manquait ni de jugement ni de fermeté. Il comprit vite qu'il fallait un frein à ces instincts grossiers, une discipline à ces âmes violentes, incapables d'obéir à une loi morale. De là, son catholicisme étroit et de plus en plus austère en raison de l'âge, qui fait souvenir du catholicisme de Charles-Quint et de Philippe II. Mais le roi avait des passions. Il était lui-même gourmand, sensuel, tout-puissant. Les jésuites, seuls, et le malléable Bossuet (cet homme sans os, disait le janséniste Tréville), pouvaient concilier les adultères du roi avec la forme religieuse. Naturellement, on dut sacrifier les jansénistes, ces naïfs stoïciens, qui voulaient que l'on fût d'abord vertueux soi-même, afin de gagner les âmes par l'exemple et le ciel par son propre mérite. Louis XIV trôna dans une grandeur et un ordre factices. A sa mort, au lever de ce voile d'hypocrisie, se découvrirent une misère hideuse, une corruption générale.

Dans ces temps malheureux, le sentiment de la patrie n'existe pas, on ne connaît que le roi ; celui de l'humanité n'apparaît qu'en quelques âmes d'élite. Et l'on conçoit que madame de Sévigné, malgré toute sa raison et ses bons sentiments, ne se sente en complet rapport avec ses semblables lorsqu'il s'agit de personnes de sa caste. Le sentiment du juste et du vrai ne jette quelques lueurs qu'en un petit nombre d'esprits. Le sentiment religieux ne s'élève pas au-dessus du terre-à-terre de la religion dominante, à part quelques rares intelligences, Descartes, Gassendi et l'élite des jansénistes. Les liens de famille, eux-mêmes, sont durs et se ressentent de la puissance paternelle, romaine et féodale, puis de la corruption et de la grossièreté des mœurs.

Un Dieu qui fait grâce à qui il lui plaît, un roi de droit divin qui le représente et dont le bon plaisir fait loi, telles sont les idées générales qui obscurcissent, brouillent et remplissent toutes les cervelles.

Voilà, dans son ensemble, le milieu où vécut madame de Sévigné. Nous sommes encore loin du siècle de l'Encyclopédie, du siècle de Voltaire et de Rousseau. A quelle distance incommensurable ne nous reporte pas le mouvement intellectuel et moral qui fera éclater 89, et dont madame Roland est la fille enthousiaste et réfléchie !

Heureusement, la jeune Marie de Rabutin, née sept ans après madame de Longueville (1626), vint précisément au monde à la bonne époque du XVIIe siècle, celle qu'avaient préparée les hautes vues d'Henri IV et le cruel génie de Richelieu, où fleurirent Descartes, Pascal, Corneille, Molière, la Fontaine, Turenne et le grand Condé. Son éducation fut meilleure qu'elle ne l'eût été quelques années plus tard. Orpheline dès l'enfance, elle fut élevée principalement sous la direction de son oncle, l'abbé de Coulanges, qu'elle appelle le *bien bon* et qui plus tard la *retira de l'abîme où l'avait jetée M. de Sévigné.*

Elle fut de bonne heure en relations suivies avec MM. de Port-Royal et fréquenta assidûment l'hôtel de Rambouillet, ce premier salon-lettre de notre France. Madame de Sévigné vécut dans la familiarité de son parent, le cardinal de Retz, de Ménage, de Segrais, de Chapelain, de Corbinelli, de madame de la Fayette et de la Rochefoucauld. Elle lisait Abadie, Nicole, Descartes et Pascal. Elle s'enthousiasmait pour Corneille, Bossuet et Bourdaloue. Elle goûtait vivement Molière, la Fontaine et Racine, parlait italien et même entendait un peu le latin.

Mariée à dix-huit ans à un jeune fou, plein de sève et de gaieté, elle eut le bonheur d'échapper à une ruine complète et de demeurer, à vingt-quatre ans, veuve et mère de deux enfants, vers la fin de 1650. Cet aimable fou l'avait fait beaucoup souffrir, car elle l'avait aimé. L'expérience fut suffisante. Dès cette époque, madame de Sévigné ne se sépara plus de son bon oncle et s'occupa avec lui de refaire sa fortune et de diriger l'éducation de ses enfants.

Comme on le voit, madame de Sévigné avait été quelque peu élevée à l'école du malheur. Si l'instruction avait développé son intelligence, celui-ci mûrit son cœur et contribua au bon équilibre de sa nature morale.

Quoique étant du monde et même du monde de la cour, madame de Sévigné vécut beaucoup avec elle-même, avec les livres, et mena une vie sérieuse et occupée. Elle savait vivre aux champs et n'y pas mourir d'ennui. Malheureuse par son amour pour M. de Sévigné, elle se réfugia dans ses sentiments de mère, de reconnaissance filiale, d'amie loyale et fidèle, et maintint son cœur au-dessus des assauts très vifs de la galanterie de son époque. Cette galanterie, fort gâtée par l'intrigue, l'ambition, la sensualité, devait naturellement répugner à une femme d'un esprit aussi juste, d'un sentiment aussi délicat et d'un tact aussi fin. Elle éconduisit ainsi plus d'un amant et d'un épouseur : son cousin Bussy, Ménage, le beau Méré, ancien intime de madame de Maintenon, le comte du Lude, le prince de Conti, le surintendant Fouquet, qui resta son ami et à l'infortune duquel elle ne fut pas moins attachée que le bon la Fontaine.

Le sentiment religieux de madame de Sévigné est teinté de jansénisme. C'était la couleur du temps. Mais il fut exempt du mysticisme et des puérilités où il entraîna plusieurs de ses contemporains. L'inscription placée par elle au fronton de la chapelle des Rochers : *Soli Deo honor et gloria*, est encore un vivant témoignage de la hauteur où sa foi avait atteint.

En ceci, bien au-dessus de madame de Longueville qui n'avait ni sa raison ni son caractère, elle ne connut point les extrêmes. Elle ne finit pas par être une pénitente carmélite, de même qu'elle n'avait pas commencé par être une héroïne des guerres et des amours de la Fronde.

Madame de Sévigné se montre encore fort au-dessus de madame de Maintenon, dont l'ambition avait corrompu le cœur et vicié l'intelligence, et qui finit par tomber, comme les âmes troublées ou malsaines, dans ces pratiques minutieuses, refuge des consciences hors d'elles-mêmes et qui ne peuvent plus se voir en face. On ne doit pas oublier jusqu'où fut poussée cette femme remarquable, jadis amie de Ninon et des libres esprits, par la logique de sa situation fausse. La révocation de l'édit de Nantes, les horribles dragonnades datent du commencement de son règne. Elle expiait ses fautes sur le dos du prochain, et partageait avec son royal amant, avec ses confesseurs jésuites, cette doctrine que la croix atteste le salut par le sang. Louis XIV en fit beaucoup verser dans le but d'être agréable à Dieu. C'est ce qui, après le désastre de Ramillies, lui arrachait ces paroles significatives : « Dieu aurait-il oublié tout ce que j'ai fait pour lui? »

Si l'on y réfléchit, on trouvera qu'il a fallu que madame de Sévigné fût douée d'une raison bien droite, d'un grand sens moral et d'un sentiment religieux très élevé , pour demeurer aussi ferme dans le fond philosophique de toute religion, au siècle des Longueville, des Lavallière, des Maintenon, dans lequel s'imposait de haut, par un roi absolu autant qu'ignorant, une doctrine étroite et dure aux autres, autant qu'elle était complaisante pour soi.

Maintenant, nous pouvons nous résumer sur la nature de l'auteur de ces lettres, d'une si abondante et franche sève d'esprit et de cœur qu'elle triomphe du temps, vivifie des détails le plus souvent sans valeur pour nous, et rend toujours aimable pendant dix volumes l'expression du même sentiment. Je ne conseillerai à personne d'essayer un semblable tour de force.

Pour peu qu'on ait étudié avec quelque soin ce qui nous reste de madame de Sévigné, il en ressort évidemment qu'elle était douée d'un caractère non moins solide que bienveillant, d'un cœur noble et affectueux, qui ne se démentjamais. Amie sincère, nature droite, elle ne marchande ni sa reconnaissance à ceux qui l'aiment, ni son admiration à ce qui est bien. Mère tendre et dévouée, elle lâcha un peu la bride à sa belle passion pour sa fille, et trouva sur ce point une douceur naturelle à s'abandonner à l'élan de son cœur. Peut-être cet amour fiévreux a-t-il été la soupape de sûreté de cette âme passionnée. Franchement nous ne pouvons trouver en nous assez de rigueur pour la frapper d'un blâme. Sans doute cette passion la fit souffrir (cela est inévitable quand on aime fortement), et selon la vraisemblance, son amour maternel abrégea sa vie. Mais madame de Sévigné est morte à soixante-dix ans; c'est une belle moyenne, et il faut convenir que la passion ne l'a pas trop maltraitée.

Son esprit juste, vif et pénétrant, était capable de réfléchir et de raisonner. Son imagination mobile, ardente, montait aisément jusqu'à l'enthousiasme.

Chose fort remarquable pour son temps, madame de Sévigné a l'amour de la nature. Elle se complaît à promener ses pensées dans son mail des Rochers, ou au clair de lune sous les vieux arbres de l'abbaye de Livry. Elle aime l'horreur des bois, le triomphe du printemps et le beau ciel de Provence. Assurément ce goût naïf et sain des beautés de la nature ne lui était pas venu dans les jardins de Versailles et de Saint-Germain. Madame de Sévigné est impressionnable, elle a des entrailles, mais elle a encore plus de cœur et de raison; c'est pourquoi elle est toujours demeurée maîtresse d'elle-même et a su diriger sa vie par de nobles sentiments, par des principes d'ordre et de dignité personnelle.

Plus d'un passage de ses lettres montre qu'elle est sur la pente des idées philosophiques, qu'elle se soumet avec peine à la religion dominante et qu'elle ne s'y résigne qu'en janséniste modérée, ce qui témoigne à la fois de la hauteur de son âme et de la justesse de son esprit.

Madame de Sévigné et madame Roland ont bien des rapports, même physiquement. Ainsi, toutes deux sont bien faites, d'une taille avantageuse, d'un port aisé et gracieux. Toutes deux ont un beau teint qui décèle la richesse de leur organisation, l'air ouvert et franc, la mine éveillée et riante quoique modeste et contenue. Toutes deux sont musiciennes et possèdent un son de voix pur et sympathique, surtout madame Roland. En toutes deux la beauté tirait son plus grand charme de leur physionomie, de leur accent, de ce je ne sais quoi de vivant qui reflète l'être intérieur.

Si l'on regarde le moral, toutes deux ont un caractère bienveillant et ferme, un cœur affectueux et solide, une humeur douce et égale autant que vive et enjouée. Toutes deux sont ordonnées et aiment l'occupation, la culture de leur esprit et de leur âme. Chacune d'elles a mis son plus grand plaisir dans l'accomplissement de ses devoirs et y a puisé une grande sérénité. Douées d'une vive imagination, leur raison l'a toujours dominée. Quoique femmes jusqu'au bout des ongles par leur impressionnabilité, quoique faites pour l'amour par leur complexion et leur cœur, elles sont demeurées maîtresses d'elles-mêmes.

Il faut encore remarquer que ces deux femmes furent religieuses d'une façon analogue. La Providence et le Dieu de madame de Sévigné, la Divinité et l'Être suprême de madame Roland, c'est bien la même affirmation, la même foi avec la différence des temps. Toutes deux furent enthousiastes et passionnées pour le Juste et le Bien, le Vrai et le Beau, mais par la distance des temps et la différence des milieux, madame Roland paraît bien plus grande, attendu que ces buts d'aspiration ont singulièrement grandi au XVIIIe siècle. La patrie, l'humanité, la justice, la vérité, l'idée religieuse ont acquis un sens qu'elles ne pouvaient avoir sous Louis XIV. C'est ici le cas d'admirer le progrès de l'espèce et combien il a d'action sur l'individu.

Voilà des traits qui sont pareils, et qui ne peuvent se refuser à l'une et à l'autre de ces femmes supérieures. Est-ce à dire que si, par un coup de baguette, nous avions pu transporter la jeune Manon Philipon dans le berceau de la petite Marie de Rabutin et réciproquement, la première eût exactement reproduit la seconde?

Dieu nous garde de pousser à ce point la folie des comparaisons. Madame de Longueville n'eût pas été davantage Marie Stuart et l'infortunée reine d'Écosse la brillante héroïne de la Fronde. En faisant ressortir ces analogies, nous n'avons eu qu'un but, c'est de chercher à mieux approfondir le caractère de ces femmes illustres, afin de pénétrer plus avant la nature féminine elle-même et de constater avec plus de force l'influence toute-puissante sur elles du milieu social.

CHAPITRE XV.

APPENDICE. — MADAME DE SÉVIGNÉ.

Malgré sa grande renommée madame de Sévigné est peu et mal connue. Cela tient d'abord au grand nombre de ses lettres; hélas! il nous en manque pourtant beaucoup. La plupart des lecteurs craignent de s'embarquer avec la spirituelle marquise pour un si long voyage, pensant qu'il aura de la monotonie et qu'ils n'en retireront pas autant de fruit qu'ils feront de dépense de temps. Ils se contentent d'une notice et d'un choix de quelques lettres. Ensuite le lecteur, le plus souvent, ne prend pas garde à l'époque, au milieu où vivait madame de Sévigné, milieu dont il faut tenir grand compte pour apprécier justement le caractère de l'auteur de ces lettres célèbres.

La nature de madame de Sévigné ne peut se révéler qu'à celui qui est entré dans sa familiarité et qui a trouvé du plaisir à vivre de sa vie; qu'à celui qui se met au courant de son monde, de ses entours, des habitudes et des sentiments de la société où elle a vécu.

C'est pourquoi l'on rencontre souvent des personnes qui reprochent à madame de Sévigné de n'avoir pas de cœur et ne manquent pas à ce sujet de citer ce qu'elle écrit sur les affreuses punitions et supplices infligés à la Bretagne par le duc de Chaulnes, en 1675. D'autres ne craindront pas de la trouver prude, affectée, sensible comme une petite fille à la moindre attention de la part du roi. Enfin il en est qui vont jusqu'à lui refuser d'avoir véritablement aimé sa fille, ajoutant que toute cette montre de sentiment n'est que fadaise, envie de paraître et de se faire louer.

Assurément, ces accusations ne peuvent paraître que bien étranges autant que peu fondées, à tout homme ayant vécu dans l'intimité de cette admirable femme. Aussi cette note et ces extraits ne leur sont-ils pas destinés, mais bien à ceux qui ne la connaissent que superficiellement. Au reste, il y a toujours plaisir à retrouver l'empreinte de cette aimable femme, et, d'autre part, sa valeur d'écrivain est si grande qu'on ne peut guère en parler sans en donner quelque preuve.

Dans ces courts extraits, les premiers sont relatifs à ses habitudes, à la pratique de la vie, les seconds à ses sentiments, les autres à ses idées religieuses et les derniers à ce qu'on lui a souvent reproché, son insensibilité prétendue aux maux dont fut affligée la Bretagne en 1675.

I.

« Quand je commence une lettre, j'ignore si elle sera longue ou courte; j'écris tout ce qui plaît et tant qu'il plaît à mon esprit et à ma plume. Il m'est impossible d'avoir d'autre règle et je m'en trouve bien.

« J'ai apporté ici quantité de livres choisis; on ne met pas la main sur un, tel qu'il soit, qu'on n'ait envie de le lire tout entier. J'ai toute une tablette de dévotion. Eh ! quelle dévotion! quel point de vue pour honorer notre religion! L'autre est toute d'histoires admirables, l'autre de poésies, et de nouvelles et de mémoires. Quand j'entre dans ce cabinet, je ne comprends pas pourquoi j'en sors; il serait digne de vous, ma fille.

« Quand je suis seule ici, je fais mes affaires, je lis, j'écris, je me promène. Quand j'ai quelque compagnie, je travaille.

« Je vais essayer de n'être pas servie si fort à ma mode et d'être dans la solitude. J'aimerai à connaître la docilité de mon esprit, et je suivrai les exemples de courage et de raison que vous me donnez.

« Ce serait une belle chose que je ne susse vivre qu'avec les gens qui me sont agréables. Je m'occuperai à payer mes dettes, à manger mes provisions; je penserai beaucoup à vous; je lirai, j'écrirai, je marcherai, je travaillerai, je recevrai de vos lettres. Hélas! la vie ne se passe que trop! on respire partout.

« Vous savez que je ne puis souffrir que les vieilles gens disent : Je suis trop vieux pour me corriger. Je pardonnerais plutôt aux jeunes gens de dire : Je suis trop jeune. La jeunesse

est si aimable qu'il faudrait l'adorer, si l'âme
et l'esprit étaient aussi parfaits que le corps.
Mais quand on n'est plus jeune, c'est alors qu'il
faut se corriger et regagner par les bonnes
qualités ce qu'on perd du côté des agréables.

« Je trouve les âmes des paysans plus droites
que des lignes, aimant la vertu, comme naturellement les chevaux trottent.

« On va loin sans mourir d'ennui, pourvu
qu'on se donne des occupations et qu'on ne
perde point courage. »

II.

« Je trouve donc que le style de la Calpre-
nède est détestable, et cependant je ne laisse
pas de m'y prendre comme à de la glu : la
beauté des sentiments, la violence des passions,
la grandeur des événements et les succès mira-
culeux de leurs redoutables épées, tout cela
m'entraîne comme une petite fille.

« Il n'y a que les sentiments du cœur qui
me paraissent dignes de considération : c'est en
leur faveur qu'on pardonne tout; c'est un

fonds qui nous console et nous paye suffisamment. Ce n'est donc que par crainte que ce
fonds ne soit altéré qu'on est blessé de la part
des choses.

« L'amour est quelquefois bien inutile de s'a-
muser à de si sottes gens. Je voudrais qu'il ne
fût que pour les gens choisis, aussi bien que
tous ses effets, qui me paraissent trop communs
et trop répandus.

« J'ai une santé au-dessus de toutes les craintes ; je vivrai pour vous aimer et j'abandonne
ma vie à cette unique occupation, c'est-à-dire
à toute la joie et à toute la douleur, à tous les
agréments et à toutes les mortelles inquiétudes
que cette passion peut me donner.

« Ah ! mon enfant, je voudrais bien vous
voir un peu, vous embrasser, vous entendre,
vous voir passer, si c'est trop demander que le
reste. Cela fait plaisir d'avoir un ami comme
d'Hacqueville, à qui rien de bon, rien de solide
ne manque. Si vous nous aviez défendu de
parler de vous ensemble, nous serions bien
embarrassés, car cette conversation nous est si
naturelle que nous y tombons insensiblement ;
c'est un penchant si doux qu'on y revient sans

peine ; et, quand après avoir bien parlé, nous nous détournons un moment, je prends la parole d'un bon ton et je lui dis : Mais disons donc un pauvre mot de ma fille.

« Il me semble que depuis votre départ je suis toute nue ; on m'a dépouillée de tout ce qui me rendait aimable. Je n'ose plus voir le monde et, quoi qu'on ait pour m'y mettre, j'ai passé ces jours-ci comme un loup-garou ne pouvant faire autrement. Peu de gens sont dignes de comprendre ce que je sens.

« Je n'ai pas sur le cœur de m'être amusée depuis votre départ. On ne me trouve guère avancée de ne pouvoir encore recevoir de vos lettres sans pleurer. Je ne le puis, ma fille, mais ne souhaitez pas que je le puisse. Aimez mes tendresses, aimez mes faiblesses : pour moi, je les aime mieux que les sentiments de Sénèque et d'Épictète. Vous m'êtes toute chose, ma chère enfant, je ne connais que vous. »

III.

« Au reste, ma fille, une de mes grandes

envies ce serait d'être dévote. J'en tourmente La Mousse (l'abbé de La Mousse, son parent) tous les jours. Je ne suis ni à Dieu ni au diable ; cet état m'ennuie, quoiqu'entre nous je le trouve le plus naturel du monde. On n'est point au diable parce qu'on craint Dieu et qu'au fond on a un principe de religion ; on n'est point à Dieu, parce que sa loi paraît dure et qu'on n'aime point à se détruire soi-même. Cela compose les tièdes dont le grand nombre ne m'étonne point du tout ; j'entre dans leurs raisons, cependant Dieu les hait. Il faut donc sortir de cet état et voilà la difficulté.

« Vous me demandez si je suis dévote. Hélas ! non, dont je suis très fâchée. Mais il me semble que je me détache en quelque sorte de ce qui s'appelle le monde. La vieillesse et un peu de maladie donnent le temps de faire de grandes réflexions. Mais ce que je retranche sur le public, il me semble que je vous le redonne. Ainsi, je n'avance guère dans le pays du détachement, car vous savez que le droit du jeu serait de commencer par effacer un peu ce qui tient le plus au cœur.

. . . . —

« Il est vrai qu'il ne faudrait s'attacher à rien et qu'à tout moment on se trouve le cœur arraché dans les grandes et petites choses; mais le moyen? Il faut donc toujours avoir cette morale dans les mains, comme du vinaigre au nez, de peur de s'évanouir.

. . . .

« Je crains que cette trappe, qui veut surpasser l'humanité, ne devienne les Petites Maisons. » [1]

Madame de Sévigné était, non pas dévote, mais religieuse. On voit cependant avec quelle verdeur enjouée elle cause de l'état de son âme avec sa fille.

On ne doit jamais l'oublier, ses lettres sont, pour madame de Sévigné, sa récréation, son plaisir, que dis-je, la satisfaction de sa passion la plus forte. Aussi y est elle tout abandonnée, voulant à la fois amuser sa fille, lui ôter toute inquiétude à son endroit et se découvrir elle-même autant qu'il est possible. Je le rappelle ici, avant de citer ce qu'elle raconte des terribles exécutions faites en Bretagne.

Il faut se souvenir encore qu'elle était très

liée avec le duc et la duchesse de Chaulnes et que le secret des lettres n'était point gardé dans le bon temps de Louis XIV. Le grand roi n'aimait ni la critique ni la contradiction. Il fallait l'adorer comme le soleil. On sait ce qu'il en coûta à Fénelon, à Vauban, à Catinat d'avoir osé mettre quelque réserve dans leur admiration.

Quant à nous, il nous est impossible de ne pas voir à travers l'allure dégagée dont madame de Sévigné écrit sur toutes ces misères, combien elle est profondément affligée de cet horrible spectacle. Il nous paraît même que le refus de recevoir la visite de M. de Chaulnes, qu'elle accueillit aux Rochers en d'autres circonstances, tient à ce sentiment forcément dissimulé sous l'apparence de la politesse.

IV.

« Voulez-vous savoir des nouvelles de Rennes? Il y a présentement cinq mille hommes, car il en est venu encore de Nantes ! On a fait

une taxe de cent mille écus sur le bourgeois; et
si on ne trouve point cette somme dans vingt-
quatre heures, elle sera doublée et exigible
par les soldats. On a chassé et banni toute une
grande rue et défendu de les accueillir sur
peine de la vie, de sorte qu'on voyait tous ces
misérables, femmes accouchées, vieillards, enfants, errer en pleurs au sortir de la ville,
sans avoir de nourriture et de quoi se coucher.

« Avant-hier, on roua un violon qui avait
commencé la danse et la pillerie du papier
timbré. Il a été écartelé après sa mort et ses
quatre quartiers exposés aux quatre coins de
la ville. On a pris soixante bourgeois, on commence demain à pendre.

« Tous les villages contribuent pour nourrir
les troupes, et l'on sauve son pain, en sauvant
ses denrées; autrefois on les vendait et l'on
avait de l'argent; mais ce n'est plus la mode,
tout cela est changé.

« Vous pouvez compter qu'il n'y a plus de
Bretagne, et c'est dommage. »

« Octobre 1675.

« Il est vrai que la *penderie* me paraît un rafraîchissement. J'ai une autre idée de la justice depuis que je suis en ce pays. Vos galériens me paraissent une société d'honnêtes gens. qui se sont retirés du monde pour mener une vie douce. Nous vous en avons bien envoyé par centaines; ceux qui sont demeurés, sont plus malheureux que ceux-là.

« Nous sommes étonnés qu'en aucun lieu du monde on puisse aimer un gouverneur.

« Cette province est dans une grande désolation.

« M. de Pommereuil est reçu comme un dieu, et c'est avec raison; il apporte l'ordre et la justice pour régler dix mille hommes, qui sans lui nous égorgeraient tous.

« Pour nos soldats on gagnerait beaucoup si c'étaient des cordeliers; ils s'amusent à voler, ils mirent l'autre jour un petit enfant à la broche; mais d'autres désordres, point de nouvelles.

« M. de Chaulnes m'a écrit qu'il voulait

venir me voir. Je lui dis tout bonnement de n'en rien faire et que je renonce à l'honneur que j'en recevrais, par l'embarras qu'il me donnerait ; que ce n'est point ici comme à Paris où un chapon suffisait à tant de bonne compagnie.

« Vous jugez superficiellement de celui qui gouverne cette province : non, vous ne feriez point comme il a fait et le service du roi ne le voudrait pas.

« Il s'en faut de beaucoup que je n'aie peur de ces troupes; mais je prends part à la tristesse et à la désolation de toute la province.

« La duchesse de Chaulnes me reçut avec joie et m'entretint deux heures avec affection et empressement pour me conter toute leur conduite depuis six mois, et tout ce qu'elle a souffert, et les horribles périls où elle s'est trouvée : elle sait que je trafique en plusieurs endroits et que je pouvais avoir été instruite par des gens qui m'auraient dit tout le contraire. Je la remerciai fort de sa confiance et de l'honneur qu'elle me faisait de vouloir m'instruire. En un mot, cette province a grand tort; mais elle est rudement punie et au point de ne s'en remettre jamais.

« Je fais une allée nouvelle qui m'occupe; je paye mes ouvriers en blé et ne trouve rien de solide que de s'amuser et de se détourner de la triste méditation de nos misères. »

CHAPITRE XVI.

LA PART DES FEMMES, FAITE PAR MADAME ROLAND ÉT GEORGE SAND.

Il s'agit encore de l'appréciation du rôle de la femme dans la société. La lettre de Madame Roland, que nous allons mettre sous les yeux du lecteur, s'explique sur ce grave sujet avec une franchise complète et sous une forme piquante. Il est bon, toutefois, de faire observer qu'avant 89 on devait tenir moins juste compte du droit des faibles, et, en particulier, de celui des femmes, qu'on ne peut le faire aujourd'hui. C'est ainsi qu'il nous paraît utile d'écarter toute question de supériorité d'un sexe sur l'autre, car le problème est mal posé et, partant, insoluble. C'est ainsi encore que les progrès de la civilisation nous permettent d'entrevoir de nouvelles perspectives, favorables à l'activité de la femme.

Sous ces réserves, naturellement indiquées par la différence des époques, la lettre de Madame Roland à son ami, M. Bosc, nous paraît essentiellement juste dans son ensemble. Lorsqu'elle l'écrivit, au mois de juillet 1783, Madame Roland était mère depuis trois ans et touchait à sa trentième année. On ne pourrait donc prétendre qu'elle manquât d'expérience et de maturité, non plus que de réflexion. Repousser un témoignage de cette importance, récuser cette voix éloquente, une de celles qui fait le plus d'honneur à son sexe et à l'humanité, serait difficile. Toujours simple, naturelle et d'une entière bonne foi autant que d'un jugement ferme et mûri par le travail, l'amie de M. Bosc ne joue point à l'esprit fort. Bien que les qualités les plus nobles de l'âme humaine, même les plus viriles, aient brillé d'un vif éclat en Madame Roland, il ne faut pas oublier qu'elle ne franchit le seuil de son foyer pour aborder la vie publique que sous l'empire des circonstances les plus extrêmes et qu'elle fut avant tout une femme, une véritable femme. Madame Roland sut plaire et se faire aimer. *Elle fit le bonheur d'un seul,* auquel elle se sacrifia jusqu'à la fin, *et fut le lien de beaucoup par tous les charmes de l'amitié et de la décence.* Elle fut une fille respectueuse et tendre, une mère passionnée et d'un admirable dévouement. Cette lettre est donc l'opinion d'une femme, l'une des gloires les plus pures de son sexe, et il est impossible de ne pas y attacher un prix tout particulier.

« Amiens, 29 juillet 1783.

« Il me suffit que vous posiez les armes. Je ne demande pas qu'elles me soient rendues. Je ne veux pas recevoir de loi, mais je ne prétends pas non plus en imposer à personne. Vous ne vous êtes pas trompé sur les prétentions de votre sexe, je dirai plus, sur les droits, mais bien dans la manière de les défendre.

Que sont les déférences, les égards de votre sexe pour le mien, si ce n'est les ménagements du puissant, magnanime pour le faible qu'il honore et protège en même temps? Quand vous parlez en maîtres, vous faites penser aussitôt qu'on peut vous résister et faire plus peut-être, tels forts que vous soyez; l'invulnérable Achille ne l'était pas partout. Rendezvous des hommages? c'est Alexandre traitant en reines ses prisonnières, qui n'ignorent pas leur dépendance.

« Sur cet unique objet peut-être notre civilisation ne nous a pas mis en contradiction avec la nature. Les lois nous laissent en tutelle presque continuelle, et l'usage nous défère dans la société tous les petits honneurs. Nous ne sommes rien pour agir, nous sommes tout pour représenter.

« N'imaginez donc pas que je m'abuse sur ce que nous pouvons exiger et sur ce qu'il nous convient de prétendre. Je crois, je ne dirai pas mieux qu'aucune femme, mais autant qu'aucun homme, à la supériorité de votre sexe à tous égards. Vous avez la force d'abord et tout ce qui y tient ou en résulte : le courage, la persévérance, les grandes vues et les grands talents. C'est à vous de faire des lois en politique, comme des découvertes dans les sciences. Gouvernez le monde, changez la surface du globe ; soyez fiers, terribles, savants. Vous êtes tout cela sans nous, et par tout cela vous devez nous dominer.

« Mais, sans nous, vous ne seriez ni vertueux, ni aimants, ni aimables, ni heureux. Gardez donc la gloire et l'autorité dans tous les genres. Nous ne voulons, nous n'avons d'empire que par les mœurs et de trônes que dans vos cœurs.

« Je ne réclamerai jamais rien au delà ; il me fâche souvent de voir des femmes vous disputer quelques privilèges qui leur siéent si mal. Il n'est pas jusqu'au titre d'auteur, sous quelque petit rapport que ce soit, qui ne me semble ridicule en elles. Si vrai que l'on puisse dire de leur facilité à quelques égards, ce n'est jamais pour le public qu'elles doivent avoir des connaissances et des talents.

« Faire le bonheur d'un seul et le lien de beaucoup par tous les charmes de l'amitié et de la décence, je n'imagine pas un plus beau rôle que celui-là.

« Plus de regrets, plus de guerre, vivons en paix. Souvenez-vous seulement que, pour garder votre fierté avec les femmes, il faut éviter de l'afficher à leurs yeux. La petite guerre que je vous ai faite, pour nous amuser dans la liberté de la confiance, vous serait faite d'une autre manière par l'adroite coquetterie et vous n'en sortiriez pas si dégagé. Protéger toujours pour n'être soumis qu'à volonté, voilà votre secret, à vous autres ; mais je suis bonne de vous dire cela et le reste, que vous savez mieux que moi. Vous avez voulu me faire jaser, eh bien, nous sommes quittes. Adieu ! »

Telle est l'idée générale de Madame Roland sur le rôle de la femme, idée juste au fond et que nous trouvons un peu bornée et étroite dans le détail, mais il faut se souvenir que la lettre est datée de 1783. Maintenant nous allons serrer la question de plus près et combattre pour nous et par nos propres armes.

Sans parti pris de lyrisme ou de satire, nous avons essayé, dans un livre publié chez Hachette, de préciser nettement la valeur sociale et le mérite de la femme : *La Femme dans l'humanité.* Nous avons rencontré certaines réprobations qui nous touchent, parce qu'elles émanent d'un sentiment élevé. Mais, si nous sommes sensible à l'expression de ce sentiment, nous ne pouvons accepter une réprobation qui provient de méprise ou d'erreur.

L'épiderme de la femme est délicat et son

impressionnabilité très vive. Son intelligence
saisit promptement le détail et souvent laisse
échapper l'ensemble. Ainsi en est-il arrivé en
cette occasion. Jusqu'ici la femme a été tellement opprimée par les lois et maltraitée par
les moralistes que, si l'on s'occupe d'elle, sa première pensée est à la crainte et à la défiance.
Elle s'imagine aussitôt qu'on veut attenter à
ses droits sous une forme nouvelle. Pour nous,
nous n'avons jamais compris que l'on imposât
d'autres bornes à l'expansion de son être que
celles que la nature elle-même lui a assignées.

En premier lieu, on nous a reproché d'avoir
trop insisté sur ce point : être femme, c'est
plaire, c'est attirer par le charme et régner
par la grâce. La femme a deux grands aspects :
elle est beauté et elle est mère. On nous blâme
ensuite d'avoir dit : Le rôle de Prométhée ne
sied pas plus à la femme que celui d'Hercule.
Les hautes facultés de l'esprit, généraliser,
abstraire, ne sauraient lui appartenir. Elle ne
peut poursuivre d'un amour désintéressé le
Vrai, le Juste et le Bien au delà des limites
connues. Elle manque d'idéal et la méditation
lui répugne. La femme n'est pas destinée à

être philosophe et législateur. En résumé, l'action directe de la femme a l'homme pour objet. Comme mère elle crée l'enfant, comme beauté elle fait l'homme, tandis que celui-ci a pour mission spéciale d'agir sur le monde et la société.

Tel est le fonds de notre livre, et c'est sur cet ensemble qu'on a conclu que nous donnions trop d'importance à la beauté de la femme et que nous ne tenions pas assez compte de sa valeur morale. Nous allons nous expliquer catégoriquement, et il ne dépendra pas de nous qu'on ne voie toute notre pensée.

Avant d'aller plus loin il paraîtrait que nous ne nous sommes pas assez fortement expliqué sur le sens dans lequel nous prenons toujours les mots : plaire et beauté. On a prétendu que nous ne désignons jamais ainsi que le côté plastique de la femme. C'est là une erreur bénévole, comme le témoignent maints passages explicites du livre, comme le prouvent les études sur Mademoiselle de Lespinasse, sur Mesdames de Sévigné et Roland, dont le plus grand charme ne consistait pas dans cette beauté radieuse qui triomphait en Marie-Stuart et Ninon de Lenclos. Encore une fois, nous donnons à ces mots, non pas leur acception la plus restreinte, mais celle qui comprend tous les aspects de l'être.

Maintenant, plaidons au fond. Mépriser la beauté, dédaigner le charme et la grâce particulière au beau sexe, n'est-ce pas là se mettre en révolte ouverte contre la nature et faire preuve d'un dépit un peu puéril parce qu'on ne voit les choses qu'à la surface? Je veux bien que de nobles âmes féminines aient été légitimement blessées de la façon dont la femme a exercé le pouvoir de ses charmes dans le passé et dans le présent. Je veux bien qu'elles aient horreur des conséquences démoralisantes qu'entraînent les abus d'un tel pouvoir. J'accepte la protestation, je la trouve juste et honorable. Mais je ne défends pas l'abus, je plaide pour l'usage et je ne puis admettre qu'il faille faire fi de ce pouvoir naturel, au point qu'on semble vouloir y renoncer. Ce pouvoir est une nécessité de premier ordre, et nous devons montrer avec la dernière évidence combien elle est forte.

Assurément entre tous les autres, le trait

caractéristique de la femme, c'est que la nature l'a destinée à être mère. Cela est écrit en chacun de ses organes, et elle le sent vivement au plus profond de ses entrailles. Ce n'est pas sans raison que les petites filles ont d'instinct tant de plaisir à jouer à la poupée. Sur cet article pas de contestation possible; d'ailleurs le rôle de mère est assez beau pour qu'aucune femme songe à protester. Or la femme ne peut devenir mère que si elle plaît, si elle attire par le charme, si elle s'impose par la grâce. Autrement elle subit la violence, et nous sortons de l'humanité. N'est-ce donc pas par le plus impérieux des motifs, que cette bonne nature a doué la femme du pouvoir de charmer? Et la fille d'Ève devrait-elle jamais oublier que le charme par lequel elle attire l'homme et le retient à ses pieds est un des caractères qui nous élève au-dessus de la bête?

Mais, dira-t-on, la femme est-elle donc seule condamnée à plaire, et l'homme, ce superbe, faut-il qu'il soit exempt de cette nécessité? Oh! que les femmes savent bien le contraire, puisque (quand elles sont libres, et elles devraient l'être toujours) elles attendent comme

des reines que l'homme s'incline devant elles,
et qu'il s'incline aussi bas qu'il leur convient
de l'ordonner. Elles sont juges et juges absolus
de son mérite ; elles le condamnent cruellement en se détournant de lui ou lui mettent le
ciel dans le cœur par un sourire. De toute nécessité il faut qu'il trouve grâce devant sa
capricieuse divinité ; il s'y efforce avec mille
craintes folles de ne pas réussir, Pourquoi?
parce qu'il a plus besoin d'elle qu'elle n'a besoin de lui. Là est tout le mystère. La nature a
fait la femme maîtresse d'elle-même afin
qu'elle puisse attendre l'homme et le dominer, tandis que lui, poussé par les énergies de
l'instinct, se jette à ses pieds en esclave, pour
implorer sa gracieuse merci.

Maintenant, oui, la femme tient de l'enfant,
elle en a la touchante faiblesse afin de mieux
dompter le fort, elle en a l'auréole d'innocence
afin de mieux séduire son rude compagnon et
de lui inspirer la pureté et la vertu. Comme
l'enfant, soustraite à l'empire tyrannique des
sens, il lui a été donné d'agir sur l'homme
pour modérer ses instincts, ennoblir ses sentiments et l'entraîner vers l'idéal. Ce rôle pa-

rait-il manquer de dignité et de noblesse? Être la poésie vivante de l'homme, le but de ses aspirations, le miroir de ses vertus, est-ce donc chose à flétrir de ses dédains, à rejeter avec mépris? Ah! que les femmes ne se plaignent pas d'être semblables à l'enfant, qui est toute lumière et toute innocence, qui représente la vie humaine en sa fleur, en sa grâce et sa pureté premières!

On m'accordera peut-être gain de cause sur ce premier point; mais comment avoir osé dire que la femme ne possède ni haute raison ni sens moral? N'est-il pas monstrueux de porter de telles allégations contre des mères héroïques d'abnégation, des ménagères, providence de la famille, contre une noble créature dont souvent toute la vie n'est que sacrifice et dévouement à l'époux, à l'enfant, à l'aïeul, à ce foyer domestique dont elle est la divinité protectrice? Pas de sens moral! et qui donc en aurait? Est-ce l'homme, cet être violent et brutal, qui se vautre dans le vin et la débauche? cet être que l'appétit et l'instinct dominent jusqu'à le rendre féroce comme une bête de proie?

Je le reconnais, l'homme mérite souvent d'être qualifié de brute, à cause de la violence de ses instincts, et l'on ne peut adresser à la femme le même reproche.

Silène et Priape sont des types qui appartiennent au sexe fort. Au beau sexe, Hébé, Vénus, Minerve, et les mères, Cybèle et Cérès. Oui, il faut nous incliner bien bas devant la femme, jusqu'à ce que disparaissent nos pieds de faunes lascifs et pour qu'on ne voie plus que nos bras d'Hercule et notre tête de Prométhée. Si nous avons la force de l'esprit et la vigueur du corps, nous savons à quel prix et nous n'ignorons pas à quels périls nous expose cette double puissance. Mais c'est Hercule qui parcourt la terre et l'assainit, qui la délivre des monstres et y fait régner la Justice; et c'est Prométhée qui ravit le feu du ciel pour en illuminer notre voie douloureuse. L'homme demeuré sous l'empire des sens, est une brute, mais l'homme, seul, a la force qui crée et le génie qui fait la lumière.

Comprendre et sentir le Juste et le Vrai au-delà de la règle étroite et de la loi pratiquée, embrasser leur conception dans l'idéal, tel est le haut caractère du sens moral. Lorsque je le refuse à la femme, il faut prendre garde que je le considère dans cette signification. Autrement, j'accorde volontiers, car cela est vrai, que la femme a plus de moralité que l'homme, qu'elle est plus vertueuse, plus rangée à ses devoirs, plus fidèle à la loi sociale, attendu qu'elle n'est pas détournée de la voie droite par les énergies de l'instinct, causes des déviations et des chutes de l'homme, attendu que par son impressionnabilité et son désir de plaire elle est plus soumise au milieu où elle vit. La femme est plus morale, plus vertueuse, comme elle est plus sobre et plus tempérante, comme elle est plus attachée à la famille par les liens étroits de la maternité. Cela est incontestable. Mais poursuivre avec enthousiasme et désintéressement le Juste, le Bien et le Vrai appartient à l'homme aussi bien que généraliser et abstraire.

Il faut admirer ici une belle harmonie de contraste. Par sa modération, par son attachement à ses devoirs de fille, d'épouse et de mère, la femme est pour l'homme une cause puissante de moralisation, bien que, par un cer-

tain côté, sa valeur morale soit une valeur né-
gative, une vertu passive, qui résulte de son
manque de force.

O femmes, vous êtes vierges et vous êtes mères. La pudeur, comme l'aurore rougissante,
vous enveloppe de sa douce lumière, les ris et
les grâces suivent vos pas, vous possédez la
ceinture magique de Vénus, la froideur de
Diane chasseresse, la sérénité de la sage Minerve, le cœur maternel de Cérès. Votre douceur contraste avec notre rudesse, le son ar-
gentin de votre voix insinuante avec notre
timbre sombre et fort; vous avez la sensibilité
exquise, la compassion prompte et la pitié an-
gélique; vous êtes facilement dévouées, rési-
gnées, héroïques. Votre âme, dégagée du poids
des appétits sensuels, vous maintient au-dessus de la terre. Vous avez toutes les auréoles
pour attirer l'homme et le fasciner, pour l'ennoblir et le poétiser... Et vous ne seriez pas
satisfaites? Il manquerait quelque chose à votre gloire, parce que vous ne pouvez avoir
la force d'Hercule et le génie de Prométhée?...

La nature, cette bonne mère; vous a com-
blées en vous donnant l'attrait, divin talisman,

en vous plaçant comme l'étoile dans le ciel bleu, afin que vous fussiez le guide de l'homme vers la terre promise. Et vous vous plaignez de n'être pas Moïse ou le lévite porteur de l'arche sainte! Oh! ingrates et injustes créatures. Vous marchez la tête ceinte d'acanthe et de verveine, et vous nous enviez notre couronne d'épines et la sueur qui perle à nos fronts!

Vous avez les joies ineffables de la mère, les molles tendresses de l'épouse, les purs triomphes de la vierge qu'on adore à genoux dans son cœur. Vos mains blanches ne portent ni épée, ni hoyau; mais, depuis le commencement du monde, un signe de vos doigts roses, un sourire de vos lèvres, un regard de vos yeux ont plus fait pour le bonheur de l'homme que toute autre cause, parce que vous êtes les souveraines dispensatrices de l'amour, le plus grand des biens, de l'amour, sentiment si divin qu'il ne peut comporter l'idée du mal, de faux et de laid sans être vicié dans son essence. Vous êtes les éducatrices, les maîtresses, les reines, les mères, la première poésie de l'homme et vous vous plaignez! Vous avez l'enfant sur vos genoux et le cœur de l'homme dans la main! et vous vous plaignez!...

J'ai formellement revendiqué pour la femme le droit imprescriptible au développement intégral de son être. — Il y aurait folie autant qu'injustice à mettre des bornes aux facultés de la femme. Qu'il lui soit donc permis d'aller aussi haut et aussi loin que possible dans toutes les branches de l'industrie, de l'art et de la science. De nobles individualités féminines s'y sont déjà illustrées et y ont laissé des traces immortelles.

Mais, quoi qu'il arrive, il est manifeste que les deux qualités essentielles, les deux grands aspects de la femme seront toujours d'être belle et mère. Enlevez à la femme son talisman, dépouillez-la de l'attrait divin, et l'homme reste inculte, sensuel, indompté. Qu'elle ne puisse plus attirer l'homme et le charmer, nous n'avons plus de mères et notre race disparaît ou retombe dans l'animalité.

Quelles protestations élever contre ce fait fondamental dans lequel se manifeste avec éclat la grandeur du rôle social de la femme? Aujourd'hui ce rôle déplaît, parce que, comme tous les autres, il ne peut être rempli avec la dignité naturelle qu'il comporte. Nous le savons et nous n'en accusons pas les femmes. Qu'elles se plaignent, qu'elles accusent un ordre social qui les rabaisse et les dégrade, elles sont dans leur droit et nous joignons ici notre voix à la leur.

L'initiative dans la science et dans la politique, comme dans l'art et dans l'industrie, appartient à l'homme. C'est donc par ignorance et sottise pure que l'on fait peser sur la femme les conséquence de lois imparfaites, de mœurs grossières et d'une misère plus ou moins profonde. Reflet de leur époque, les femmes en accentuent les mœurs dans le vif et mettent en relief le bien et le mal qui résultent de l'état de la société.

Les Romains des beaux temps de la république ont formé des Lucrèce et des Cornélie, ceux de la décadence ont produit Messaline. Les républicains de l'Amérique espagnole, ignorants, superstitieux, vivant dans une oisiveté misérable sur une terre de promission, ont pour femmes des créatures charmantes et de mœurs dissolues. Les puritains de la Nouvelle-Angleterre nous offrent des femmes d'un tout autre modèle.

Nous comprenons les revendications de la femme contre un ordre social qui la dépouille de sa grâce de sa pureté et ne lui permet pas le développement de ses facultés. Mais encore une fois, nous ne saurions la suivre, quand, dans un aveugle dépit, elle s'insurge contre la nature, qui a voulu qu'elle fût le charme et la première poésie de l'homme et ce qui est plus encore, au moins pour elle, sa mère.

Dans le sujet que nous traitons il convient de finir en empruntant la parole d'une femme. Nous n'en connaissons pas de plus haute que celle de la noble héroïne que nous avons invoquée en commençant.

Ces passages de Madame Roland sont extraits d'un *Avis à sa fille en âge et dans le cas de devenir mère*, inséré par M. Champagneux dans son édition de l'an VIII.

« Faites pour embellir le monde plutôt que pour le commander, les femmes ont la délicatesse de ces fleurs qu'un souffle peut moisonner. Les maux semblent être leur partage : on dirait qu'elles n'existent que pour payer en douleurs l'espoir de devenir mères et la gloire de l'avoir été. C'est pourtant à l'habitude des souffrances et à une organisation qui multiplie ces dernières, qu'elles doivent la douce pitié, la sensibilité aimable, dont l'exercice fait leur charme et leur vertu; c'est par elles qu'elles remplissent leur destination précieuse, en contribuant au bonheur de la plus noble moitié du genre humain...

« Je n'imagine rien qu'une femme puisse faire de préférence à soigner ses enfants, c'est le plus saint et le plus doux des devoirs. Le remplir est besoin pour un cœur honnête et sensible, et la nature y a attaché un charme inexprimable. Il ne faut pas croire qu'il y ait un si grand mérite à supporter les douleurs ou à vaincre les difficultés qui se rencontrent dans l'exercice de la maternité. La santé, le bien-être, les grâces de l'enfant qu'on voit croître sous ses yeux par ses soins, sont des sources de délices pour une mère; c'est par elle qu'un être innocent et faible jouit du bonheur dont il est susceptible. Ce sentiment remplit l'âme, il jette une nuance de rose sur tous les jours de la vie. »

J'ai la bonne fortune de finir ce chapitre par une autre lettre de femme. Si la lettre est flatteuse pour moi, je la donne surtout pour sa haute approbation des idées que j'ai exposées.

J'ai vu souvent George Sand et je possède plusieurs lettres d'elle. J'ai pu apprécier son grand cœur, son amour constant de la justice, de la vérité et des hommes. Ses œuvres témoignent de la richesse de sa belle imagination. Je suis heureux de lui donner un souvenir, et le lecteur, après la femme forte, entendra la voix de la femme de génie.

« *A M. Édouard de Pompery, à Paris.*

« Paris, 23 décembre 1864.

« Cher Monsieur,

Je n'ai encore pu lire votre livre. Je ne fais pas de mon temps ce qui me plaît; mais j'ai lu l'article de la *Revue de Paris* et je ne serai pas parmi vos contradicteurs. Je pense comme vous sur le rôle que la logique et le cœur imposent à la femme. Celles qui prétendent qu'elles auraient le temps d'être députés et d'élever leurs enfants ne les ont pas élevés elles-mêmes; sans cela elles sauraient que c'est impossible. Beaucoup de femmes de mérite, excellentes mères, sont forcées par le travail de confier leurs petits à des étrangères; mais c'est le vice d'un état social qui à chaque instant méconnaît et contrarie la nature.

« La femme peut bien, à un moment donné, remplir d'inspiration un rôle social et politique, mais non une fonction qui la prive de sa mission naturelle : l'amour de la famille. On m'a dit souvent que j'étais arriérée dans mon idéal de progrès, et il est certain qu'en fait de progrès l'imagination peut tout admettre. Mais le cœur est-il destiné à changer? Je ne le crois pas et je vois la femme à jamais esclave de son propre cœur et de ses entrailles. J'ai écrit cela maintes fois et je le pense toujours.

« Je vous fais compliment des remarquables progrès de votre talent, la forme est excellente et rend le sujet vivant et neuf, en dépit de tout ce qui a été dit et écrit sur l'éternelle question.

« Bien à vous,

« GEORGE SAND. »

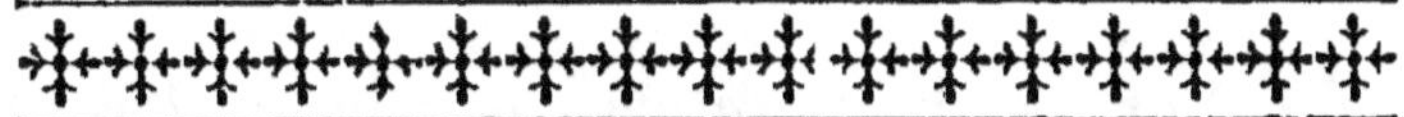

CHAPITRE XVII.

DU NOBLE AMOUR. BUZOT ET MADAME ROLAND.

Le noble amour doit être pur, entier. Rien ne doit l'enlaidir, encore moins le souiller.

Tels ont été les célèbres amours de Dante, de Pétrarque, d'Héloïse, de Mademoiselle Aïssée et du chevalier d'Aydie.

L'amour n'est noble que quand, complètement désintéressé, n'ayant en vue lui-même, il nous manifeste l'aspiration de deux êtres, se voyant l'un l'autre comme une créature parfaite, digne de toutes les adorations et de tous les sacrifices. Telle est la racine du véritable amour. Ceux qui l'ont éprouvé, ont bu à la source sacrée et ne l'oublieront jamais. Tout passe et l'amour passe comme toute chose. Mais ceux qui ont eu le cœur percé par la flèche d'or du divin archer, ceux-là garderont toujours la marque profonde de cette blessure.

Sans doute les hommes et les femmes se rapprochent de cent façons, et souvent de fort vilaines façons. Mais le noble amour ne peut pas être contrefait. Pur comme le diamant, il disparaît quand cette qualité lui fait défaut.

L'amour de Madame Roland et de Buzot fut une passion de haut titre. Tous deux, dès leur jeunesse, s'étaient voués au bien, au juste, au vrai, à l'humanité. Tous deux n'avaient cessé de cultiver en eux ces nobles sentiments ; et c'est parce qu'ils les éprouvaient avec une force égale qu'ils se rapprochèrent et s'unirent par l'amour. En s'aimant, en se donnant l'un à l'autre dans un bel élan d'enthousiasme, c'était fortifier en eux tous les beaux sentiments, qui sont l'honneur de l'espèce humaine. Cet amour fut le couronnement de leurs belles âmes.

Il semble que les femmes qui atteignent un certain degré de perfection doivent demeurer au-dessus des vulgarités de la vie. On les a vues si hautes qu'on ne peut les imaginer réduites au rôle ordinaire de chacun de nous. Il en est des femmes revêtues d'un charme souverain comme des hommes de génie qu'on ne peut s'accoutumer à voir pratiquer la vie à la manière du commun des martyrs.

Certes, par ses belles et hautes qualités Mme Roland est au-dessus de l'amour et même de la maternité. Son âme brille et rayonne au delà de ces sphères modestes, que les femmes ne dépassent généralement pas. —

Toutefois, on peut dire qu'une femme à qui il manque d'avoir aimé et de l'avoir été, et encore d'avoir porté l'enfant dans son sein avant de l'avoir porté dans ses bras, n'est pas une femme complète.

C'est pourquoi, comme je trouve que Madame Roland est peut-être la femme la plus parfaite qui nous soit connue par des documents certains et nombreux, notre héroïne devait éprouver l'amour, comme elle devait être mère. Et voilà comment il lui a été donné de montrer toute la richesse et la beauté de son âme. Aussi, elle a pu laisser d'elle-même un souvenir qui ne périra pas. Ce souvenir méritait d'être transmis à la postérité plus encore que l'admirable marbre déterré à Milo. L'artiste qui a créé cette statue a fait une œuvre de génie et l'on n'en rencontre pas beaucoup de pareilles. Mais la nature qui a produit Madame Roland a fait un chef-d'œuvre plus rare et plus inestimable.

En effet, Madame Roland avait tout pour elle. Séduisante, elle plaisait généralement. On n'est pas femme sans cela. Plus on la voyait, plus on vivait près d'elle et plus on la trouvait charmante, car on sentait mieux la beauté de son âme, son universelle bienveillance, sa droite raison, les grâces de son esprit cultivé, sa franchise, sa naïveté, l'enjouement de son heureux caractère. Un corps sain et délicat qui respirait la vie, un son de voix frais et mélodieux, des yeux parlants, une physionomie vivante, mobile, par laquelle tout l'être se montrait et se donnait, tout cela composait un ensemble de plus en plus aimable, attirant, merveilleux.

Madame Roland était, comme Madame de Sévigné, de complexion amoureuse, bien qu'on puisse remarquer que ces deux femmes ont pu et ont dû se garder. Madame Roland raconte à son amie Sophie l'espèce d'éblouissement qu'elle éprouva vers sa vingtième année pour un jeune homme, qui pouvait prêter à quelque illusion.

Madame Roland a toujours estimé son mari; elle le pouvait, car Roland s'est toujours montré digne de la plus haute estime. Elle lui a été fidèle et lui a fait tous les sacrifices, mais elle ne l'a jamais aimé d'amour.

A ce sujet, il est bon de rappeler quelques passages de ses *Mémoires*.

« J'honore, j'estime mon mari, comme une
« fille chérit son père auquel elle sacrifierait
« même son amant. Tout en demeurant fidèle
« à mes devoirs, mon ingénuité n'a pas su
« dissimuler les sentiments que je leur sa-
« crifiais. Mon mari, excessivement sensible
« et d'affection et d'amour-propre, ne put sup-
« porter la pensée qu'il fût porté atteinte à
« son empire; son imagination se noircit, sa
« jalousie m'irrita, et le bonheur s'enfuit loin
« de nous.

« Lorsque j'étais libre, je suivais ses pas,
« pour adoucir ses chagrins et consoler sa
« vieillesse; il m'adorait et je m'immolais à
« lui, nous n'étions pas heureux.

« Le caractère de M. Roland s'aigrit. Mais une
« âme comme la mienne ne laisse pas ses sa-
« crifices imparfaits ; et plus tard, lorsqu'il
« lui fut démontré que c'était un sacrifice, cette
« idée lui répugnait, lui était odieuse, et toute-
« fois il ne pouvait s'en passer. »

Quel triste tableau ! et qu'il se reproduit
souvent dans notre imparfaite civilisation.

Si un acte implique la souveraine liberté,
que dis-je ? la pureté, la joie et la perfection
même de l'acte, n'est-ce pas celui qui rappor-
che et unit intimement l'homme et la femme ?

Mais je reviens, à Madame Roland. .

. L'explosion du sentiment de l'amour ne s'est
produite en elle qu'à l'occasion de Buzot, vers
l'âge de trente-sept ans.

On verra dans un moment combien cette
explosion a été belle, complète, à ce point
qu'elle put ravir l'âme de l'infortunée prisonnière pendant cinq mois d'une cruelle agonie
morale, enfin la soutenir sans défaillance jusqu'au pied de l'échafaud.

Madame Roland et Buzot se rencontrèrent à
la fin de 91. Au milieu de la tourmente politique
qui les emportait, ces deux âmes, remplies de

l'amour de la justice et de l'humanité, s'enflammèrent mutuellement. Ce fut pour tous deux
la cause de grandes souffrances et de joies
indicibles. Chastes, réservés, maîtres d'eux-
mêmes, toujours occupés de la chose publique,
alors brûlante, Madame Roland et Buzot attisè-
rent le feu de leur amour, comme le feu sacré
entretenu par les antiques vestales.

Il resta enfermé dans le sanctuaire de leurs
nobles cœurs. Les amis qui les entouraient
ont bien conçu quelques doutes, mais on n'en
parlait pas. Au reste, l'heure était pressante, les
événements se précipitaient tragiques, et l'on
n'avait guère le temps de gloser sur le prochain.

Le véritable amour redoute le grand jour;
il se complaît naturellement dans le mystère;
on en est plus à soi. Nous en avons la preuve
dans les extraits qui vont suivre, Madame Roland ne pouvait se décider à ouvrir une lettre de
Buzot en présence de la fidèle messagère qui la
lui apportait, au péril de sa liberté et de sa vie.

Sans doute Madame Roland a subi les embrassements d'un époux très respectable et qui
avait vingt ans de plus qu'elle; sans doute elle
a subi les peines d'une grossesse, les joies et les

peines de l'allaitement et de l'éducation de sa fille; mais, comme Jeanne d'Arc, elle semble plus faite pour figurer sur un autel que sur un lit.

Et c'est pourquoi il vaut mieux, au point de vue de la perfection de ce noble caractère, que Madame Roland soit morte vierge des embrassements de son amant et sublimée par l'échafaud, comme notre Jeanne l'a été par le bûcher. Toutes deux demeurent héroïques, saintes, dignes à jamais de l'adoration des hommes et au-dessus de leurs hommages.

Avant de faire passer sous les yeux du lecteur les fragments choisis dans les Cinq, de Madame Roland à Buzot, je crois bon de citer deux extraits de lettres de Madame Roland à Bancal des Issarts, qui montrent à la fois et la justesse d'esprit de Madame Roland et combien elle était préparée au sacrifice de sa vie.

Voici ce que la noble femme écrivait à Bancal le 13 août 1792 :

« Il faut que la Vertu soit attaquée pour « devenir forte, et ce sont les dangers qui la « rendent sublime. »

Il semblait que Madame Roland ait entrevu sa

destinée dans une sorte de vision, plus de trois ans avant de marcher au supplice. Dans un autre passage l'héroïque philosophe s'écrie :

« C'est un phénomène sans exemple que la « régénération d'un empire faite paisiblement. « L'adversité est l'école des nations, comme « celle de l'homme, et je crois bien qu'il faut « être éprouvé par elle pour valoir quelque « chose. En nous faisant naître à l'époque de « la liberté naissante, le sort nous a placés « comme les enfants perdus de l'armée qui « doit combattre pour elle. C'est à nous de « bien faire notre devoir et de préparer ainsi « le bonheur des générations nouvelles. »

Voilà la voix et l'accent d'une nature supérieure, qui vit dans ses semblables et pour ses semblables, à ce point que le sacrifice de sa vie lui paraît tout naturel. Telle était Madame Roland.

« 22 Juin.

« Je n'ose te dire, et tu es le seul au monde qui puisse l'apprécier, que je n'ai pas été très fâchée d'être arrêtée.

« Ils en seront moins furieux et moins ardents

contre Roland, me disais-je; s'ils tentent quelque procès, je saurais le soutenir d'une manière qui sera utile à sa gloire. Il me semblait que je m'acquittais ainsi d'une indemnité due à ses chagrins; mais ne vois-tu pas qu'en me trouvant seule c'est avec toi que je demeure?

« Ainsi, par la captivité, je me sacrifie à mon époux, je me conserve à mon ami, et je dois à mes bourreaux de concilier le devoir et l'amour. Ne me plains pas!

« Les autres admirent mon courage, mais ils ne connaissent pas mes jouissances; toi qui dois les sentir, conserve-leur tout leur charme par la constance de ton courage. Cette aimable Madame Gourfon, comme j'ai été contente de voir son doux visage, de me sentir pressée dans ses bras, mouillée de ses larmes, de lui voir tirer de son sein deux lettres de toi! Mais je n'ai jamais pu les lire en sa présence, et j'avais l'ingratitude de trouver sa visite longue. Elle a voulu emporter un mot de ma main. Je ne trouvais pas plus facile de t'écrire sous ses yeux, et je lui en voulais presque de son empressement officieux.

« Mon ami, ta lettre du 15 m'a offert ces mâles

accents auxquels je reconnais une âme fière et libre, occupée de grands desseins, supérieure à la destinée, capable des résolutions les plus généreuses, des efforts les plus soutenus. J'ai retrouvé mon ami, j'ai renouvelé tous les sentiments qui me lient à lui.

« Ta lettre du 17 est bien triste ! Quelles sombres pensées la terminent !

« Eh ! il s'agit bien de savoir si une femme vivra ou non après toi ! Il est question de conserver ton existence, de la rendre utile à notre patrie, le reste viendra après. »

« 3 Juillet.

« Quelle douceur inconnue aux tyrans, que le vulgaire croit heureux dans l'exercice de leur puissance ! Et s'il est vrai qu'une sublime intelligence répartisse les biens et les maux entre les hommes suivant les lois d'une rigoureuse compensation, puis-je me plaindre de mon infortune, lorsque de telles délices me sont réservées ? — Je reçois ta lettre du 27 ; j'entends encore ta voix courageuse, je suis témoin de tes résolutions, j'éprouve les sentiments qui t'animent, je m'honore d'être aimée et chérie de toi. — Mon ami, ne nous égarons pas jusqu'à frapper le sein de notre mère en disant du mal de cette vertu qu'on achète, il est vrai par de cruels sacrifices, mais qui les paye, à son tour, par des dédommagements d'un si grand prix. Dis-moi, connais-tu des moments plus doux que ceux passés dans l'innocence et le charme d'une affection que la nature avoue et que règle la délicatesse, qui fait hommage au devoir des privations qu'il lui impose, et se nourrit de la force même de les supporter ?

« Connais-tu de plus grand avantage que celui d'être supérieur à l'adversité, à la mort, et de trouver dans son cœur de quoi goûter et embellir la vie jusqu'à son dernier souffle ? — As-tu jamais mieux éprouvé ces effets que de l'attachement qui nous lie, malgré les contradictions de la société et les horreurs de l'oppression ? — Je te l'ai dit, je lui dois de me plaire dans ma captivité. — Fière d'être persécutée dans ce temps où l'on proscrit le caractère et la probité, je l'eusse, même sans toi supportée avec dignité ; mais tu me la rends douce et chère. Les méchants croient m'accabler en me donnant des fers... Les insensés ! que m'importe d'habiter ici où là? Ne vais-je pas partout avec mon cœur, et me resserrer dans une prison, n'est-ce pas me livrer à lui sans partage? Ma compagnie, c'est ce que j'aime; mes soins, c'est d'y penser. Mes devoirs, dès que je suis seule, se bornent à des vœux pour tout ce qui est juste et honnête, et ce que j'aime occupe encore le premier rang dans cet ordre. Va, je sens trop bien ce qui m'est imposé dans le cours naturel des choses pour me plaindre de la violence qui l'a détourné. Si je dois mourir... eh bien, je connais de la vie ce qu'elle a de meilleur, et sa durée ne m'obligerait peut-être qu'à de nouveaux sacrifices. L'instant où je me suis le plus glorifiée d'exister, où j'ai senti plus vivement cette exaltation d'âme qui brave tous les dangers et s'applaudit de les courir, est celui où je suis entrée dans la Bastille que les bourreaux m'avaient choisie. Je ne dirai pas que j'ai été au-devant d'eux, mais il est très vrai que je ne les ai pas fuis. Je n'ai pas voulu calculer si leur fureur s'étendrait jusqu'à moi; j'ai cru que, si elle s'y portait, elle me donnerait occasion de servir X... par mes témoignages, ma constance et ma fermeté. Je trouvais délicieux de réunir les moyens de lui être utile à une manière d'être qui me laissait plus à toi. J'aimerais à lui sacrifier ma vie pour acquérir le droit de donner à toi seul mon dernier soupir.

« Excepté les agitations terribles que m'ont causées les décrets contre les proscrits, je n'ai jamais joui d'un plus grand calme que dans cette étrange situation, et je l'ai goûté sans mélange lorsque je les ai sus presque tous en sûreté, lorsque je t'ai vu travaillant en liberté à conserver celle de ton pays.

« Puisse cette lettre te parvenir bientôt, te porter un nouveau témoignage de mes sentiments inaltérables, te communiquer la tranquillité que je goûte, et joindre à tout ce que tu peux éprouver et faire de généreux et d'utile le charme inexprimable des affections que les tyrans ne connurent jamais, des affections qui servent à la fois d'épreuves et de récompenses à la vertu, des affections qui donnent du prix à la vie et rendent supérieur à tous les maux !

« Je me suis fait apporter, il y a quatre jours, *this dear picture,* que par une sorte de superstition je ne voulais pas mettre dans ma prison ; mais pourquoi donc se refuser cette douce image, faible et précieux dédommagement de la présence de l'objet? Elle est sur mon cœur, cachée à tous les yeux, sentie à tous les moments et souvent baignée de mes larmes. Va, je suis pénétrée de ton courage, honorée de ton attachement et glorieuse de tout ce que l'un et l'autre peuvent inspirer à ton âme fière et sensible. Je ne puis croire que le ciel ne réserve que des épreuves à des sentiments si purs et si dignes de sa faveur. Cette sorte de confiance me fait soutenir la vie et envisager la mort avec calme.

« Jouissons avec reconnaissance des biens qui nous sont donnés. Quiconque sait aimer comme nous porte avec soi le principe des plus grandes et des meilleures actions, le prix des sacrifices les plus pénibles, le dédommagement de tous les maux. Adieu, mon bien-aimé, adieu ! »

« Tu ne saurais te représenter, mon ami, le charme d'une prison où l'on ne doit compte qu'à son propre cœur de l'emploi de tous les

moments! Nulle distraction fâcheuse, nul sacrifice pénible, nul soin fastidieux; point de ces
devoirs d'autant plus rigoureux qu'ils sont
respectables pour un cœur honnête; point de
ces contradictions des lois ou des préjugés de
la société avec les plus douces inspirations de
la nature; aucun regard jaloux n'épie l'expression de ce qu'on éprouve ou l'occupation que
l'on choisit; personne ne souffre de votre mé-
lancolie ou de votre inaction, personne n'at-
tend de vous des efforts, ou n'exige des sentiments qui ne soient pas en votre pouvoir;
rendu à soi-même, à la vérité, sans avoir
d'obstacles à vaincre, de combats à soutenir,
on peut, sans blesser les droits ou les affections
de qui que ce soit, abandonner son âme à
sa propre rectitude, retrouver son indépendance morale au sein d'une apparente captivité, et l'exercer avec une plénitude que les
rapports sociaux altèrent presque toujours.
Je ne m'étais pas même permis de chercher
cette indépendance et de me décharger ainsi
du bonheur d'un autre qu'il m'était si difficile
de faire; les événements m'ont procuré ce que
je n'eusse pu obtenir sans une sorte de crime.

« Comme je chéris les fers où il m'est libre de t'aimer sans partage et de m'occuper de toi sans cesse! Ici, toute autre occupation est suspendue; je ne me dois plus qu'à qui m'aime et mérite si bien d'être chéri.

« Poursuis généreusement ta carrière, sers ton pays, sauve la liberté, chacune de tes actions est une jouissance pour moi, et ta conduite est mon triomphe. Je ne veux point pénétrer les desseins du ciel, je ne me permettrais pas de former de coupables vœux; mais je le remercie d'avoir substitué mes chaînes présentes à celles que je portais auparavant, et ce changement me paraît un commencement de faveur; s'il ne doit pas m'accorder davantage, qu'il me conserve cette situation jusqu'à mon entière délivrance d'un monde livré à l'injustice et au malheur.

« Adieu, mon ami, mon bien-aimé; non, ce n'est point là un dernier adieu, nous ne sommes point séparés à jamais, ou la destinée abrégerait beaucoup le fil de mes jours. Ah! prends garde de ne pas tout perdre par une ardeur inconsidérée! »

« Douce occupation; communication touchante du cœur et de la pensée, abandon charmant, libre expression des sentiments inaltérables et de l'idée fugitive, remplissez mes heures solitaires! Vous embellissez le plus triste séjour, vous faites régner au fond des cachots un bonheur après lequel soupire quelquefois vainement l'habitant des palais.

« L'asile ordinaire du crime est devenu l'abri de l'innocence et de l'amour; purifié par leur présence, il n'offre plus dans l'étroite enceinte qui les renferme que l'image de la paix, les instruments de l'étude, les souvenirs affectueux d'une âme aimante, d'une conscience pure, la résignation du courage et l'espoir de la vertu. O toi! si cher et si digne de l'être, tempère l'impatience qui te fait frémir : en songeant aux fers dont on m'a chargée, ne vois-tu pas les biens que je leur dois? juge donc avec la même impartialité des avantages d'une situation qui me laisse entièrement à moi, sur celle où des obligations saintes et terribles contraignaient mes facultés et déchiraient mon pauvre cœur. Je suis où l'a voulu la destinée; on dirait qu'attendrie sur mes maux, touchée

des combats qu'elle-même m'avait imposés,
elle a préparé les événements qui devaient
me procurer quelque relâche et me faire goûter
le repos; elle s'est servie de la main des méchants pour me conduire dans un port; elle
les emploie à faire du bien malgré eux, et à
dévoiler toute leur noirceur de manière à
inspirer cette haine avant-coureur de leur
chute; elle offre à mon courage l'occasion
d'être utile à la gloire de celui avec qui elle
m'avait liée, elle cède à ma tendresse la liberté
de se développer en silence et de s'épancher
dans ton sein. O mon ami, bénissons la Providence; elle ne nous a pas rejetés, elle fera
plus un jour, peut-être; vengeons-nous toujours à mériter ses bienfaits, de la lenteur
qu'elle paraît mettre à les accorder.

« Ma cellule est large de manière à souffrir
une chaise à côté du lit. C'est là que, devant
une petite table, je lis, je dessine et j'écris;
c'est là que, ton portrait sur mon sein ou sous
mes yeux, je remercie le ciel de t'avoir connu,
de m'avoir fait goûter le bien inexprimable
d'aimer et d'être chérie avec cette générosité,

cette délicatesse, que ne connaîtront jamais les âmes vulgaires, et qui sont au-dessus de tous leurs plaisirs.

« Des fleurs que Rose me fait envoyer du Jardin des Plantes décorent cet austère réduit, y développent leurs formes heureuses et le parfument de leurs douces odeurs. Une pauvre prisonnière de mon voisinage me rend des services dont le secours est utile à ma faiblesse, et dont le prix ne l'est pas moins à sa misère. Voilà ma vie.

« Tu me parles bien légèrement du sacrifice de ta vie... Est-il dit que nous ne puissions nous mériter qu'en nous perdant?... Ne te laisse pas entraîner par l'excès du courage vers le but où mènerait aussi le désespoir.

Quelque lecteur pourrait trouver ces citations trop longues. J'avoue que je me suis complu à les recueillir.

Les palpitations de ce grand cœur, les émotions de cette belle âme me touchent profondément. On n'est pas plus vaillante, plus sensible, plus portée au beau et au bien. En outre, les souffrances accumulées comme à plaisir sur ces deux têtes, s'offrant elles-mêmes comme des victimes propitiatoires des progrès et du salut futur de la société, nous présentent un tableau bon à laisser sous les yeux du public.

Il n'en est pas de plus touchant et de plus propre à élever les âmes, à les porter au bien et au sacrifice de soi-même.

Des deux amants, Buzot fut certainement le plus malheureux. Proscrit, fugitif, errant, mourant de faim, ses restes, ainsi que ceux de Pétion, furent trouvés, dans les landes de Saint-Émilion, à moitié dévorés par les loups. Buzot eut la douleur de survivre à la maîtresse de son cœur, en ne mourant qu'un mois avant la chute de Robespierre et la fin de la Terreur.

CHAPITRE XVIII.

LA FEMME DANS L'AVENIR.

I.

L'on est généralement mal venu à prendre des airs de prophète et nous ne saurions le trouver mauvais, car il ne faut abuser de rien, et rien n'est plus commun que l'abus en pareil cas. Nous espérons éviter cet écueil, en partant toujours des faits et nous appuyant constamment sur eux. Nous ne sortirons pas de ces faits pour inventer une femme nouvelle et décrire la société telle qu'elle sera en l'an trois mille et plus.

En constatant la nature spéciale de la femme et l'influence souveraine que le milieu social exerce sur elle, nous avons vu qu'avant tout la femme était un être impressionnable, et que cela résultait de son organisme ; qu'autant ses perceptions étaient vives et nettes, autant sa réflexion était courte, et grande son impuissance à raisonner ; que l'idéal lui faisait défaut, que les sentiments supérieurs de justice et de sociabilité étaient dominés par ses entrailles de mère et les instincts conservateurs de l'espèce.

Par suite de la misère relative des populations, de la rudesse des mœurs, de l'ignorance générale, de l'activité comprimée et sans but de la femme, de sa dépendance matérielle, de la lutte des intérêts et de la fausseté des rapports sociaux, nous avons également fait voir combien était fatale à la femme l'imparfaite civilisation de notre époque.

Nous ne sommes pas de ceux qui ont la prétention de changer la nature des choses et voudraient reprendre l'œuvre de la création. En conséquence, Dieu nous garde de toucher à la nature de la femme ! nous la trouvons bien comme elle est. Il ne nous reste qu'à apprécier les modifications sociales en train de s'accomplir et qui seront propices au déve-

loppement de la femme, suivant le vœu de
la nature.

De même que (spectacle grandiose et consolant !) la paix tend à l'emporter sur la guerre,
l'industrie et le travail sur la vie nomade et
contemplative, la production sur la destruction, la science sur le merveilleux, la raison
et les sentiments sur les instincts, en un mot,
de même que la civilisation moderne dissipe
notre misère et notre ignorance originelles
pour marcher vers un nouveau monde de
lumière et de fraternité, de même il est manifeste qu'il se dégage de cette évolution sociale
des circonstances plus favorables à la femme.

L'homme n'étant plus voué à la guerre, à
la violence, mais à la paix, à l'industrie, aux
arts, à la science, la raison et le sentiment
prennent définitivement le gouvernail de son
être jusque-là dominé par l'instinct. L'homme
ne sera plus pour la femme le rude et grossier
compagnon d'autrefois, celui qui l'a d'abord
réduite au rôle de bête de somme et de femelle patiente ; puis, l'a poursuivie de ses
convoitises brutales, de ses appétits déréglés,
de ses adorations passagères et menteuses,

celui qui l'a rabaissée en se dégradant lui-même.

Plus que jamais attiré par le charme de la femme, l'homme mettra dans son amour tout son cœur et toute son âme. Il la respectera dans sa faiblesse touchante, il l'admirera dans sa douceur pleine de grâces, il l'adorera dans sa beauté qui représente le côté idéal de son espèce et rend plus vivante son aspiration à l'infini.

Le sauvage et le barbare ont fait place à l'homme. Et c'est parce que nous avons devant nous l'homme développé dans son intelligence et ses sentiments, l'homme fort par son association intime avec ses semblables, l'homme revêtu de sa véritable puissance, qu'il nous est donné de contempler enfin l'Ève nouvelle, créée des mains de l'homme, faite de sa chair et de son sang et dégagée par lui du limon génésiaque.

Dans ce milieu nouveau, tout sera favorable à la femme, et, tant à sa naissance que pendant sa vie, ne lui apportera que des impressions harmonieuses. Une hygiène et une alimentation rationnelles, une éducation mieux

entendue, où la gymnastique ne sera point
oubliée, auront pour effet d'établir un rapport
normal entre les systèmes nerveux et sanguin
et, par conséquent, de régulariser cette impressionnabilité de la femme, aujourd'hui
exagérée et maladive.

La lumière, en pénétrant l'âme de la femme
par des notions scientifiques sur toute chose,
astronomie, physique, physiologie, géologie,
histoire et sociologie, la délivre d'illusions
puériles et d'erreurs sans nombre. Sa raison
se fortifie et son moral s'élève.

A mesure que l'état social s'assecoit dans la
justice et s'ordonne dans son action toute-
puissante, il affranchit les faibles, le prolétaire,
l'enfant, la femme. La société élargit son
cadre et y fait place à l'activité de chacun.
Tout membre du corps social trouve naturellement par son travail l'indépendance matérielle et par surcroît un meilleur équilibre
de ses facultés morales.

Représentons-nous la femme en ce milieu
propice, où rien ne trouble sa nature malléable
et vibrante, où elle n'est plus en butte aux
attaques instinctives de l'homme, où sa grâce

et sa faiblesse sont protégées et respectées, comme on respecte l'enfant, comme on doit respecter la fleur de la vie. Voyons-la dans ce milieu où tout tend à développer son cœur et point à exalter son orgueil de reine, à affoler sa vanité de déesse, où le culte qu'on lui rend, dépouillé de tout artifice menteur, est sincère, profond, sacré, à l'égal du culte rendu à la mère, à la vierge, à l'enfant au sein de la famille, qui donc oserait soutenir que dans ces conditions, la femme serait ce que nous l'ont montrée les sociétés antérieures et non ce qu'elle doit être naturellement, la plus pure et la plus belle expression de l'espèce humaine?...

Il nous semble que nous n'avons rien dit de trop, ni perdu de vue la terre un seul instant. Nous avons simplement constaté des tendances positives incontestables, dont il faut se réjouir, car les institutions et les mœurs ne changent pas en un jour.

II.

Mais il importe d'ajouter ici quelques autres considérations.

Si la femme est plus impressionnable que l'homme, elle est moins sensuelle que lui. Visiblement, l'homme tient plus de l'animal par la vigueur physique, par la rudesse de ses formes et l'épaisseur de sa peau couverte de poils.

Une observation caractéristique sur ce point va nous faire l'assertion plus évidente. L'habitude des jouissances physiques rend, on le sait, la sensibilité obtuse. Les organes, stimulés par l'exercice, deviennent exigeants et poussent fatalement l'individu à des satisfactions anormales et violentes. On connaît les proverbes : Qui a bu boira, *Abyssus abyssum invocat.* La sensation devient le tyran de l'individu : elle le fait égoïste, dur et cruel. Il sort de la nature humaine et rétrograde vers la bête. La femme nous offre peu d'exemples de cette dégradation, si commune chez l'homme, toujours par ce motif qu'elle est moins sensuelle que lui.

Au reste, s'il en était autrement, le rôle de la femme serait impossible. Les énergies de l'instinct venant s'ajouter à sa grande impressionnabilité, à son vif désir de plaire, elle serait nécessairement à la merci de l'homme et ne pourrait plus avoir sur lui d'action utile pour poétiser ses sentiments et agrandir son idéal. D'étoile elle tomberait à l'état de fange féconde, mais grossière, et jamais le bimane ne pourrait se transfigurer en femme.

Normalement, la femme ne décèle quelque sensualité que comme mère, sensualité délicate et concordante avec sa mission sacrée. L'amour de la mère est plus fort que l'amour de la femme, parce que les entrailles sont plus profondément remuées dans le premier cas que dans le second. Le lien physique est plus intime de la mère à l'enfant que de la femme à l'homme ; elle se sent plus attachée par les joies de la maternité que par celles de l'amour. La femme est plus près de l'enfant que de l'homme ; elle comprend admirablement l'un et pas toujours l'autre.

D'ailleurs, pour trancher la question, la physiologie et l'expérience ne permettent pas l'hésitation à cet égard. La femme nous attire et l'homme la recherche, cela suffit pour montrer que la femme est plus que nous maîtresse de ses sens.

La chasteté de la femme a pour base ce fait physiologique. Moins aiguillonnée par les sens, défendue par sa pudeur, fière et digne parce qu'elle a le sentiment de son pouvoir, la femme ajoute à tous ses charmes celui de la chasteté, auréole virginale qui donne à sa beauté un éclat plus touchant. De par la nature, la chasteté est un attribut tellement essentiel à la femme qu'il lui est presque impossible d'en obscurcir la douce lumière. Que de chutes et de déviations avant qu'elle perde tout à fait l'air candide et ingénu de l'enfant!

La femme, qui est le faible, a tout à perdre par la licence et la grossièreté des mœurs, comme elle a tout à gagner lorsque les mœurs s'adoucissent et s'épurent. Combattre et modérer les instincts sensuels de l'homme, étendre l'empire du sentiment et de l'idéal, telle est la tendance visible de tout son organisme. L'Asie, avec ses harems et ses eunuques, nous montre trop ce que la femme peut attendre du règne de la sensualité, ce que la société devient avec l'asservissement de la femme.

Donc, quand le fait social, ayant affranchi

la femme de la misère et de l'ignorance, aura fortifié 'a raison, développé ses sentiments, équilibré son organisme trop vibrant, donné libre carrière à son activité, il n'est pas douteux que l'amour se poétisera et que la moralité humaine s'élèvera sous l'influence bienfaisante de la beauté.

III.

De tous les êtres que nous connaissons, l'homme est le plus complexe et le plus malléable. Nulle créature ne saurait lui être comparée pour sa facilité à se transformer. Quand l'humanité en sera au point de s'occuper de l'amélioration de sa race, elle ira plus vite dans cette voie que nous ne l'avons vu y faire marcher les espèces animales et végétales.

En raison de son impressionnabilité et de son besoin de plaire, la femme sera plutôt et plus vivement pénétrée par ces effluves progressives et rajeunissantes. La beauté se raffinera et deviendra le partage d'un plus grand nombre de femmes. Il y aurait là de quoi trembler pour le sexe fort qui, ayant le sens du beau à un plus haut degré, sera plus accessible au rayonnement de la femme.

Heureusement, des conditions supérieures de sociabilité emportent avec elles des contre-poids naturels : accroissement de vie morale et intellectuelle, éducation plus complète, emploi plus régulier de l'activité de chacun, franchise et sincérité inconnues aujourd'hui.

Voilà comment la femme de l'avenir, tout en étant plus belle, vaudra mieux que celle d'aujourd'hui, et comment, au lieu de produire le mal et l'abaissement pour elle et pour l'homme, elle deviendra, par l'action de sa beauté, un moyen puissant de progrès pour l'espèce.

Quelques lecteurs seraient peut-être tentés de nous faire reproche de ne leur avoir pas décrit la femme et la société de l'avenir. Nous aurions pu, comme un autre, faire notre roman sur ce sujet splendide. Mais nous prions de remarquer que le présent livre ayant un caractère positif d'étude et d'appréciation de ce qui est, nous avons dû tenir rigoureusement à lui conserver ce caractère. En nous abstenant de toute incursion dans le domaine de l'inconnu, nous croyons avoir été sage et dans une certaine mesure avoir prêté plus de force à ce que nous avons eu l'ambition d'exposer.

Qu'il nous suffise d'avoir constaté que la femme, argile plus fine, cire plus molle et plus inflammable, prend plus vite et mieux la forme du moule nouveau créé par le labeur et le génie de l'homme; et qu'un jour, jour glorieux pour l'espèce, on verra *la femme régner par le charme et l'homme gouverner par la science, en généralisant la richesse par son travail créateur.*

La femme est un bien qu'il faut mériter; et précisément on ne peut le mériter sans en accroître la valeur, puisque la femme est toujours la plus délicate expression de l'état social.

Plus l'homme fera la bonne société, plus la femme sera belle dans la plus large acception du mot.

CHAPITRE XIX.

DE L'AMOUR.

I. — Vues d'ensemble.

I.

Lorsque l'instinct parle seul, l'amour ne peut aller ni bien loin ni bien haut. Une telle passion n'est pas digne de l'homme : elle ne convient qu'aux bêtes et aux sociétés primitives. L'homme, resté sensuel, convoitera la femme jusqu'à la violence, jusqu'à la cruauté, à la façon de l'Asiatique et de l'Africain, à la façon d'Henri VIII d'Angleterre. Nous ne voyons pas encore là l'homme ; c'est la bête qui rugit et se jette sur sa proie.

Les joies tirées du domaine des sens sont courtes, superficielles. Au contraire, les voluptés qui émanent du sentiment et de l'idéal sont profondes et presque infinies. Salomon, au milieu de ses sept cents femmes, et le sultan dans son harem, sont tristes et s'énervent, parce que leurs jouissances restent au-dessous de l'humanité. Le chevalier du moyen âge, le trouvère, le page et le poète, n'ayant reçu de la dame de leur pensée qu'un baiser, un serrement de main, une écharpe, ont eu l'âme ravie d'émotions .mille fois plus enivrantes et le cœur vivifié de sentiments mille fois plus durables.

Celui qui n'est pas tombé aux pieds d'une femme, en voyant en elle une adorable incarnation du Beau, du Bien et du Vrai, une vivante expression de ce qu'il y a de plus pur et de plus noble, de plus charmant et de meilleur au monde, celui qui ne s'est pas senti abandonné à ce rêve enchanté, celui qui n'a pas eu cette foi absolue dans la femme, celui-là n'a pas connu toute la puissance de l'amour.

Par allusion à la confiance qu'inspire l'amour, on a dit qu'il portait un bandeau. Ce n'est pas un bandeau qui aveugle l'amour, mais le plein éblouissement de la lumière. L'amant voit en Beau, et ne voit que le Beau.

La femme, impressionnable et vibrante, qui ne s'appartient plus, mais est tout entière à l'émotion présente, la femme, écho du cœur qui soupire, miroir de ce que nous éprouvons, chair qui palpite à notre contact, yeux illuminés à la flamme qui nous brûle, cette femme, seule, peut nous faire boire à la coupe des célestes ivresses. De là sa puissance; car, qui peut oublier ces moments divins, cette prise suprême sur son âme?

En dehors de cette extase et de cette foi absolue en une créature comblée de toutes les perfections, il n'y a pas d'amour, dans l'acception propre du mot appliqué à l'espèce humaine. L'amour doit prendre tout l'homme; il faut qu'il corresponde à toutes les aspirations vers le Beau, le Bien et le Vrai. S'il n'en est pas ainsi, vous n'avez plus l'amour humain, mais une de ses dégradations.

L'homme commence par être sensible au Beau, il admire, il s'enthousiasme. Puis, il a besoin que l'être qu'il admire sans partage soit à la hauteur de ses meilleurs sentiments ; il l'aime parce qu'il est Bon. Enfin, l'homme, qui vit de Vérité, veut en voir le reflet dans l'être qu'il admire et qu'il aime. Pour lui, cet être est pur, ingénu, ouvert à la lumière et digne de la renfermer comme un vase d'élection. Tel est l'amour à sa plus haute puissance. Celui qui le ressent à ce degré jouit de tous les sentiments les plus doux et les plus généreux départis à l'espèce humaine : l'admiration, l'enthousiasme, la foi, la tendresse et la bienveillance. Le Bien et le Vrai lui apparaissent dans la splendeur du Beau.

La pierre de touche d'un amour digne de ce nom, c'est qu'il élève et ennoblisse ceux qui l'éprouvent.

II.

L'animal a des époques de rut, pendant lesquelles la nature lui impose de travailler à la reproduction de son espèce. En dehors de ces époques, la bête est généralement étrangère à la loi qui rapproche les sexes. La conservation de l'espèce assurée, l'œuvre est accomplie.

Il n'en est pas ainsi de l'homme. Le feu de l'amour une fois allumé, il ne s'éteint plus qu'au déclin de l'âge. Pourquoi cela? sinon, parce que chez l'homme l'amour n'a pas seulement pour objet la reproduction de l'espèce; sinon, parce que la nature n'a pas entendu faire de la femme une simple génératrice. L'amour, dans l'humanité, a de plus hautes fonctions, parce que l'homme est appelé à d'autres destinées que l'animal. L'amour doit vivifier le cœur, élever l'intelligence, et surexciter puissamment l'activité créatrice de l'homme.

C'est par l'inspiration secrète de l'amour que la femme éprouve le besoin de plaire, d'être aimée, et d'agir incessamment sur l'homme. C'est parce que l'homme est sensible à la beauté, à la douceur, à la faiblesse de la femme, qu'il dépouille sa rudesse primitive, qu'il s'humanise et qu'il accroît sans cesse ses facultés comme être sociable.

C'est par la femme que l'homme est quelque chose et c'est pour elle qu'il fait le plus de choses.

III.

Au point de vue le plus élevé, l'amour pourrait se définir : *la recherche du divin dans l'humanité.*

L'amour est tellement une aspiration vers la partie divine de la nature humaine, que ce qui fait le fond de l'amour, ce sont tous les sentiments supérieurs qui caractérisent notre espèce et lui appartiennent en commun. Le Beau, le Bien et le Vrai, voilà ce que nous aimons, ce pourquoi nous nous sentons capables des plus grands sacrifices, ce que nous portons en nous-mêmes, ce que nous recherchons dans les autres, ce que nous individualisons avec ivresse dans une créature dont la sympathie nous attire. Voilà ce qui remplit notre âme d'une douce et vivifiante chaleur et nous porte à la plus radieuse expansion, si bien que dans la nature tout nous semble splendide, tout nous est ami ; si bien que tous les dévouements et tous les héroïsmes nous deviennent faciles.

Aussi l'amour nous fait-il simples et confiants comme l'enfant : il nous rend cette foi naïve, cette admiration sans bornes, cette plénitude de joie de l'être en qui la vie surabonde. Nous sommes en cet état, mais avec des sentiments plus larges et un esprit nouveau. Nous nous faisons une si haute idée de l'objet aimé, que nous le comblons de toutes les perfections et que nous ne nous trouvons jamais dignes de lui. A tout prix, nous voulons être nobles, bons et sublimes comme lui.

A l'âge de la puberté, le jeune homme, frappé de l'étincelle électrique de l'amour, sent en lui un redoublement d'existence. Son imagination bouillonne, son cœur s'élargit, son cerveau reçoit une activité nouvelle. C'est comme s'il entrait dans une sphère supérieure; il ne se reconnaît plus. Son passé lui apparaît monotone, froid et décoloré; il lui semble qu'il ne vit réellement que depuis qu'il aime. C'est l'heure des sublimes enthousiasmes, des dévouements héroïques, des aspirations magnanimes.

Quelle admirable source de grandeur et de puissante activité! quel véhicule pour l'âme humaine! quelles vastes et grandioses perspectives tout à coup découvertes sur le monde et l'idéal!...

IV.

Dans l'amour comme dans l'art, le phénomène est pareil. De même que l'artiste ne représente pas l'objet, mais l'image qu'il s'en fait, selon ses facultés particulières pour voir et pour exprimer, ainsi nous aimons, non en raison directe du mérite de l'objet qui nous enflamme, mais dans la mesure des forces qui nous portent à l'amour.

La source de l'amour est en nous-mêmes, non en l'objet qui le provoque et le dégage. C'est parce que nous ressentons le besoin d'admirer et d'aimer que nous sortons de nous-mêmes, cherchant où nous prendre. Si l'instinct est violent, si l'imagination est mobile, ardente, si l'intelligence est mal équilibrée, si le milieu est défavorable, souvent nous nous attacherons à un être tout autre que celui qui aurait correspondu à nos aspirations. De là, les désillusions, les souffrances, les abaissements et ces funestes passions qui tuent au lieu de vivifier.

Si la force et la qualité de notre amour viennent de nous, il est vrai toutefois que cette prise, toute-puissante sur notre âme par l'être que nous aimons, influence considérablement notre nature propre.

Il se produit ici des effets singuliers et qui sont tout opposés, selon les caractères et selon les sexes. La légère et sensuelle Manon Lescaut, qui emporte l'âme de Desgrieux dans les plis de son tablier, fait descendre son amant jusqu'à l'escroquerie et le rabaisse jusqu'au moment où, sous le coup du malheur et devant la persistance de cet amour invincible, son cœur s'ouvre enfin et l'élève elle-même aux sublimités du dévouement le plus complet.

Dans une de ses fictions les plus terribles et les plus poignantes, George Sand a rendu un effet de ce genre poussé jusqu'à l'extrême. *Leone Leoni* vous oppresse comme un affreux cauchemar. Heureusement le grand poète a fait depuis tant de toiles fraîches, sereines, souriantes et grandioses, que ce point noir dans son œuvre n'attire pas trop le regard. L'abbé Prévost nous a montré Manon se relevant par l'amour, George Sand nous a peint la femme abîmée par lui, aux pieds du plus abominable gredin. Sans doute il y a du vrai dans le tableau, mais il fait horreur.

L'enivrement de l'amour peut être tel qu'on perde la vraie notion des choses. On vit dans le mal et l'on fait le mal, sans que la passion vous permette d'ouvrir les yeux. Ces effets se remarquent souvent chez les femmes. Qu'on se souvienne de ce qu'était Bothwell et de ce que fut pour lui l'intelligente et poétique Marie-Stuart.

V.

Quiconque a éprouvé un véritable amour a touché au septième ciel et plané dans l'éther. En cet instant suprême, le monde lui a paru lumineux, paradisiaque. A ce point, l'amour est le lyrisme de la vie.

Voilà pourquoi ceux qui ont aimé ont tant

souffert. On ne peut se résoudre à descendre du ciel, à retomber à terre. On veut à tout prix persister dans l'extase. Aussi faut-il les coups les plus rudes, les catastrophes les plus affreuses pour précipiter ces élus. La mort, la folie, des maladies lentes ou terribles, des souffrances morales qui durent des années, parfois toujours, telles sont les compensations de cette joie sublime.

Cet état particulier d'enivrante extase, effet naturel d'un véritable amour, ne saurait durer.

Il semble être l'objet d'une conjuration. D'abord, il est comme incompatible avec la société actuelle. Les lois, les mœurs, les préjugés, l'hostilité des intérêts, les mauvais sentiments du grand nombre, tout fait obstacle à l'amour, tout lui est piège et poison.

Les amours, contrariés par l'absence ou d'autres causes, prolongent cet état d'exaltation, mêlé de souffrances aiguës et profondes. Ne jouissant presque jamais de leur amour, les amants entretiennent le feu sacré par des désirs inassouvis et par l'exercice des autres passions appelées en aide à la passion d'amour.

Parfois, l'amour finit par passer ainsi à l'état de culte intérieur et de religion platonique. Pétrarque et surtout Héloïse nous en offrent de mémorables exemples.

Il y a plus, la nature elle-même, nous avons regret à le dire, est contraire à ce bel état de l'ivresse amoureuse. Hélas! toute flamme s'éteint, si grand qu'ait été l'incendie!

L'amour ne peut remplir toute la vie, car il ne constitue pas à lui seul l'âme humaine; c'est en vain que, dans les ravissements où nous plonge cette noble passion, on s'écrie follement : Qu'importe l'univers, l'amour seul est bon, vivons pour aimer. Rien n'est plus faux.

On comprend qu'à un certain âge et à certains moments l'amour domine l'âme de l'homme. Mais l'exclusivisme de l'amour ne serait pas plus normal que l'exclusivisme de l'ambition, de la maternité ou de tout autre mobile de notre organisme. Chacun de nos sentiments n'a d'expansion régulière que lorsque, sans nuire à celle des autres mobiles de notre âme, il s'harmonise avec le sentiment supérieur d'ordre et de justice.

L'amour est encore soumis à la loi de trans-

formation qui régit tout ce qui est. Cet état
d'exaltation enthousiaste ne saurait persister.
Plus une émotion est vive, moins elle est du-
rable. Nos organes ne pourraient la supporter.
Ceci est surtout sensible dans l'ordre physique. Nous ne pouvons jouir que fugitivement
d'une odeur pénétrante. Notre ouïe ne peut
supporter longtemps la musique qui a le plus
d'action sur elle. Notre goût et notre estomac
ne s'accommodent qu'en passant de mets très
sapides. Notre vue arrive bientôt à l'éblouissement dans la contemplation d'un radieux coucher de soleil.

Le sentiment a bien une autre puissance sur
l'homme que la sensation. Notre âme est plus
faite pour lui que pour elle. C'est pourquoi
l'amour où il n'entre guère que de l'instinct,
dure si peu et finit si mal; tandis que celui qui
est vivifié par le cœur et l'idéal persiste longuement et ne subit que des transformations
d'un ordre élevé.

Quoi qu'il en soit, l'amour le plus général
et l'un des plus nobles et des plus puissants
mobiles de l'âme humaine, est naturellement
lié à la condition de la femme et aux progrès

de la sociabilité. Primitivement, l'amour est presque tout instinctif; nous commençons à entrevoir ce qu'il sera dans l'avenir. Aujourd'hui, ce grand stimulant de l'activité humaine produit plus de maux que de biens, et pour la société, et pour ceux qu'atteint la flèche du divin archer. Il en est de même de l'ambition. Ces deux passions sont généralement en contradiction avec le devoir, plus ou moins bien entendu.

Dieu sait combien de lois ont été faites pour réglementer, contenir et même détruire l'amour. Cette tyrannique et ignorante folie a eu peu de succès, car on ne peut vaincre la nature. Aussi l'amour a-t-il protesté par des révoltes incessantes. Elles dureront jusqu'à ce qu'on soit assez éclairé pour faire un code social, conforme aux rapports naturels des êtres. Chercher, en dehors de la nature propre de l'un et de l'autre, une règle de l'union de l'homme et de la femme, c'est déclarer son impuissance et se vouer à un labeur stérile.

Mais nous sommes encore loin du but. Il en est de l'amour comme de tous les autres mobiles de l'âme. Difforme, mutilé, enchaîné comme eux, il ne pourra avoir que dans l'avenir son libre et complet épanouissement.

II. — L'amour est-il plus grand chez l'homme que chez la femme?

I.

Dans les sociétés primitives, où domine l'instinct, la génération, qui perpétue l'espèce, est visiblement la qualité capitale de la femme. D'autre part, l'appétit sexuel étant excité par la femme, par ce patient toujours apte à le subir, on dut croire que l'amour était plus fort et plus profond chez elle que chez l'homme.

Or, c'est le contraire de tout cela qui est vrai.

De même que le rôle de la femme en tant que génératrice est son côté le plus matériel et que c'est comme beauté que son influence sociale apparaît dans tout son éclat, ainsi, l'amour trouve en l'homme une sphère d'action plus haute et plus vaste que chez la femme. C'est la beauté de la femme qui est la cause de l'amour, mais c'est sur l'homme que l'amour exerce tout son empire.

Rien de plus évident. En effet, l'amour agit ici sur un organisme plus énergique, plus riche en facultés morales et intellectuelles, sur un être spécialement destiné à l'action et à la pensée, qui par conséquent doit recevoir de la passion une impulsion plus forte. Dans le pur domaine de l'instinct, ne voyons-nous pas le mâle, même chez les espèces les plus douces, animé d'une vigueur nouvelle, faire preuve d'un courage qui le transforme en lion, en martyr? Dans la sphère du sentiment et de l'intelligence, le phénomène a la même portée. L'amour surexcite l'homme, le revêt d'une force inconnue et lui communique une puissance analogue à celle qu'il a reçue comme être instinctif. Voilà pourquoi les grands poètes et les grands martyrs de l'amour sont des hommes.

De par la nature, il faut que l'homme s'affirme énergiquement, souverainement, sans quoi il ne peut rien en amour. Il n'en est pas ainsi de la femme; il suffit qu'elle plaise et qu'il lui plaise d'accepter l'hommage. Cette situation est si vraie que la femme virago, la femme que son énergie exceptionnelle rapproche de l'homme, repousse celui-ci, tant elle est hors nature.

L'exquise sensibilité de la femme peut ici faire prendre le change à l'observateur superficiel. Toutes les femmes ont cet amour d'entrailles, cette disposition à la tendresse, qui tient à l'instinct maternel, à la faiblesse, à la compassion, à l'impressionnabilité. Chez elles, le besoin d'aimer est très vif et à fleur de peau, l'émotion est plus prompte mais moins profonde que chez l'homme. Sur le coup, la femme peut paraître avoir reçu une plus forte atteinte; mais, l'émotion passée, elle se relèvera plutôt que l'homme. Elle est le roseau qui plie; lui, le chêne qui se rompt.

Les grandes passions sont plus rares chez l'une que chez l'autre. Par amour la femme fait des actes héroïques et meurt avec enthousiasme. Mais elle ne sentira pas si pesant le poids de la passion et ne le portera pas si loin. L'amour ne sera pas pour elle la muse mystérieuse et sacrée, la souveraine inspiratrice des œuvres du génie. Au contraire, combien de poètes, d'artistes ont dû à l'amour les chefs-d'œuvre qui les immortalisent!

II.

Il n'y a dans l'amour que ce qu'on y met, observe avec justesse madame Roland, et l'objet de flamme n'y est en vérité pour rien ou pour peu de chose.

L'amour développe ceux qu'il brûle de ses feux sacrés, mais il ne fera rien croître là où il n'y a pas de germe. Or, que voyons-nous? l'homme possède, avec la vigueur physique, les facultés princières de l'intelligence et les sentiments supérieurs propres à l'espèce : là femme se distingue par l'impressionnabilité, le désir de plaire, l'instinct maternel, la faiblesse, la douceur, par la beauté. Il en résulte que la femme met moins dans l'amour que ne le fait l'homme et qu'elle offre à la passion un foyer moins riche en éléments inflammables.

En outre, plaire, se faire aimer, telle est la première impulsion de la nature féminine. Et ne peut-on pas dire que le désir de plaire est opposé au besoin d'aimer, en ce sens que celui qui cherche à plaire agit à la façon de l'ambitieux? Soit d'instinct, soit qu'il en ait conscience ses démarches sont combinées, calculées pour un résultat prévu d'avance. Celui qui aime est soumis dans son cœur, il n'est plus maître de ses actes, il s'est donné avec joie, avec enthousiasme. C'est ce qui achève de démontrer physiologiquement que l'amour a moins de prise sur la femme que sur l'homme.

Le sentiment profond de ces vérités a été traduit dans une formule qui les résume avec une merveilleuse clarté. « Les femmes sont plus « heureuses de l'amour qu'elles inspirent que « de celui qu'elles éprouvent. Les hommes « sont tout le contraire. » (Beauchêne.) — Pourquoi? parce que, généralement, chez la femme le désir de plaire est plus vif que le besoin d'aimer, tandis que chez l'homme, à un certain âge, il est normal que l'amour domine tous les autres sentiments.

Voulez-vous être aimé, aimez d'abord vousmême. Ce dicton a, comme tant d'autres, une vulgaire possession d'état et passe pour être digne d'être inscrit au livre de la sagesse des nations. Fruit d'une observation superficielle, cet aphorisme n'a qu'une valeur très-circonscrite.

Pour être aimé, qu'importe que vous aimiez si vous ne plaisez pas? A quoi ont servi à Lavallière les belles larmes versées du fond de son cœur avec tant d'abondance? A quoi ont servi à tant d'amoureux transis, à tant de nobles cœurs et de hautes intelligences, leurs souffrances amères, leurs lyriques élans et leur flammes éternelles?

C'est le cas de rappeler ici l'amour de Beethoven et de Byron, dans leur première jeunesse, pour mesdemoiselles de Honrath et Maria Chaworth. Ces génies précoces souffrirent cruellement de leur belle passion pour leurs idoles et s'en souvinrent toute la vie. Celles-ci reçurent leur pur et juvénile encens avec autant de joie qu'elles comprirent peu le splendide élan de leurs naïfs adorateurs. L'immortel Dante n'eût sans doute pas été plus compris de Béatrix.

Chastelard, gentil poète et beau chevalier, neveu de Bayard, aima longtemps Marie d'Écosse avec un bel et fol enthousiasme. Surpris dans la chambre de la reine, il fut condamné à mort, particulièrement par la volonté du politique Murray. Marie, qui se donna à

Darnley et à Bothwell, le laissa mourir.

Voulez-vous être aimé, sachez plaire. Là est le secret de Célimène et de don Juan, et voilà comment ils font tant de conquêtes et de victimes.

Précisément, parce que la femme est destinée à se faire aimer, elle a reçu de la nature le don de charmer et le désir de plaire, désir normal qui domine tout son être et lui fait une auréole lumineuse. Si la femme n'était possédée de ce désir constant, elle serait moins aimée. Elle règne sur l'homme, non parce qu'elle l'aime, mais parce qu'elle lui plaît.

Dans l'ordre de la nature et au point de vue social, faire naître l'amour, développer les sentiments et les facultés de l'âme humaine, est d'une importance tellement capitale qu'il fallait que la stimulation fût énergique et continue.

III.

Il est naturel que l'amour naisse plus difficilement chez la femme que chez l'homme, puisqu'elle est surtout destinée à se faire ai-

mer. Si la femme porte au flanc l'aiguillon secret de l'amour, elle se dévouera et lui sacri-
fiera plus promptement que l'homme tous ses
autres liens ou devoirs, attendu qu'elle ne possède pas d'aussi forts contrepoids en sentiments
et en raison.

Dans le tourbillon de ses émotions, son choix
dépendra de mille accidents. N'ayant pour
guide que son impressionnabilité, il tombera
souvent sur le moins digne. On peut aisément
faire cette remarque que la plupart des femmes
qui se sont trouvées libres et souveraines maîtresses de leurs actions, ont mal placé leur
amour. On ne sait pas si l'intelligente et poétique reine d'Écosse aima Rizzio, mais il est
certain qu'elle témoigna un moment de la passion pour un bellâtre imbécile, Darnley, et un
hideux scélérat, Bothwell, tandis qu'elle ne
put être touchée par l'amour exalté et profond
de Chastelard et de Douglas, qui moururent
pour elle.

On pourra plus justement apprécier l'homme
d'après la femme qu'il adore, qu'on ne pourra
juger la femme d'après l'homme qu'elle idolâtre.

Le premier fondement de l'amour (mettant à part l'instinct), c'est l'admiration. La beauté la provoque chez l'homme ; chez la femme c'est une impression venue on ne sait comment. La femme semble être complètement le jouet de la fatalité. Or, la beauté elle-même a moins de puissance que la fée merveilleuse, la folle du logis, l'imagination. Quelle réalité peut lutter contre cette magicienne ? Ses créations éthérées impalpables, défient toute comparaison. Moins on sait, moins on raisonne et plus est grand le pouvoir de l'imagination. C'est ainsi que le merveilleux a tant d'empire sur l'enfant, la femme et les sociétés primitives.

Souvent on se demande comment telle femme a pu aimer tel homme. On ne trouve pas de motifs, parce qu'on oublie le coup de baguette de l'imagination, c'est un fond peu solide que celui-là. Cependant un amour fondé sur l'imagination persiste parfois de la part de la femme, de façon à surprendre. C'est que, plus le mirage a été magnifique, plus il en coûte de tomber de si haut et de revenir à la réalité. Puis l'amour-propre s'en mêle, on s'attache à sa création. Plus on lui a sacrifié, plus on a souffert, plus on a donné de soi à cette illusion qui fut toute-puissante, plus on y tient. Ainsi la mère aime avec plus de passion l'enfant qui lui a coûté le plus de peines. Et dans la femme il y a toujours de la mère.

III. — Lequel vaut le mieux pour la femme, aimer ou plaire?

I.

Les grands artistes, ces êtres doués avant tout d'une incomparable puissance d'impressionnabilité et d'expression, se caractérisent souvent par une personnalité absolue et tyrannique. Ils rapportent tout à eux et n'éprouvent que faiblement le besoin de se donner aux autres par le cœur. Il semble que la nature, les ayant destinés à agir sur leurs semblables par le rayonnement de leurs facultés artistiques, elle les ait cuirassés d'un triple égoïsme pour mieux concentrer leurs forces.

Ils absorbent et prennent sans merci et sans reconnaissance, à la manière dont les fleurs boivent la rosée du ciel, aspirent les sucs nourriciers de la terre et reçoivent les soins de l'homme. Cette assimilation revêt un caractère de rigueur impersonnelle, comme serait une fonction normale. Voyez Gœthe.

Ainsi sont faites certaines âmes, ayant le don de charmer; ces créatures agissent sur l'espèce d'une manière générale et n'ont avec elle de rapports réellement utiles que sous cette forme. Malheur à ceux qui, attirés, séduits, entraînés irrésistiblement, se donnent tout entiers à ces génies monstrueux : victimes, ils seront dévorés sans pitié et sans remords. Tel le Minotaure de Crète prélevait chaque année la dîme des belles filles de l'Attique. Telles les Sirènes, par l'attrait de leurs chants et de leur beauté, retenaient dans leur île les voyageurs, pour les changer bientôt en bêtes comme les compagnons d'Ulysse.

II.

Régner par le droit divin du charme et par la grâce de la beauté, c'est réunir toutes les jouissances, qui découlent du pouvoir à un plus haut degré qu'un roi du bon vieux temps.

Célimène a des trésors de puissance. Son royaume est sans limites, elle étend sans cesse ses conquêtes. Il lui suffit de paraître pour vaincre. Elle amasse toujours et accroît à l'infini ses richesses. Au faîte de la gloire féminine, la belle peut, comme Alexandre, ressentir toute la joie de l'orgueil couronné. Le monde lui appartient : non pas le monde grossier qu'il faut garder avec des soldats et faire trembler de crainte ; mais le monde des volontés et des désirs, qui vibre d'enthousiasme et dans lequel on ne compte pas les sacrifices.

Cette joie a du rapport avec le contentement secret de l'ambitieux et de l'avare. Elle est concentrée et personnelle. Aussi cette joie, grande et solitaire, est-elle en opposition avec la nature de la femme, qui vit d'expansion et de rayonnement. La concentration lui est non moins antipathique que la réflexion. Les dévouements spontanés et aveugles de la femme en sont la preuve.

Au reste, ce type de Célimène, analogue à

ceux des avaleurs de royaume, dompteurs de nations, fléaux de Dieu, des Harpagons, Gobseck et Schilock, est rare chez celles qui sont appelées à régner par le charme. Ces deux personnalités monstrueuses, la coquette et le conquérant, dans des ordres de faits si différents, seraient de trop lourds fardeaux pour le monde. Attila et Célimène nous offrent deux anomalies. Ces deux prodiges caractérisent là diversité des fonctions et celle des sexes dans les sociétés inférieures. La nature virile produit le conquérant féroce, pillard et dévastateur, la nature féminine nous donne Célimène et Laïs. Après tout, si les conquérants ont été nécessaires, *afin que les peuples fussent broyés pour être mêlés,* selon l'énergique expression de M. de Maistre, ne pourrait-on pas envisager à un semblable point de vue la mission des coquettes? Elles ont brûlé et dévasté le cœur de l'homme, afin que l'âme humaine fût attendrie et exaltée par l'amour. Les coquettes ont brillé sur nos sociétés imparfaites, non comme des étoiles, mais à la manière des comètes, à la splendide chevelure, à la course errante et fantasque.

On rapporte que la belle Phryné, l'inspira-trice de Praxitèle, offrit aux Thébains de re-construire leur ville, pourvu qu'on y mît cette inscription : *Alexandre a détruit Thèbes, Phryné l'a rebâtie.* Cette histoire nous plaît et la leçon est bonne. Elle fait ressortir dans un vigoureux relief le caractère propre à cha-cun des deux sexes. Le fort instinctif détruit; la belle, même en ces époques mauvaises, garde toujours son rôle : *donner la vie.* Elle crée et conserve, quand l'homme agit encore comme une bête fauve.

III.

Si le désir de plaire conduit à attirer, à absorber, l'amour trouve sa volupté d'une fa-çon tout à fait inverse. La suprême et souve-raine joie de l'amour, c'est de sentir qu'on se donne tout entier.

Être aimé ! sans nul doute, c'est là ce que recherche celui qui aime; mais son premier besoin, c'est d'aimer lui-même. Quel bonheur plus grand que de croire en quelqu'un que l'on estime au-dessus de tous les hommages ! que l'on admire comme un être supérieur à soi-même, supérieur à tout ce que l'on connaît dans le même ordre !

L'amour envahit tout notre être dans ses instincts, dans ses facultés morales et intellectuelles. Il nous exalte et nous soulève au-dessus de nous-mêmes, au-dessus de la terre. Est-il une ivresse plus douce et plus forte ?

Le philosophe grec qui disait : Je possède Laïs sans qu'elle me possède, ne comprenait rien à l'amour et, puisqu'il n'aimait pas, ne possédait pas grand'chose. Ce peu de chose, il eût pu l'acheter, et l'amour n'a pas de prix. La courtisane dont la beauté séduit peut-elle comparer sa joie à celle de l'homme fasciné, qui l'admire et croit en elle ? pauvre créature, qui ne connaît pas le suprême bonheur d'avoir foi en un être tellement parfait qu'on s'abandonne à lui avec enthousiasme !

Et faut-il s'étonner que la soif d'un si grand bonheur tourmente l'âme de l'homme, qu'il persiste dans sa recherche à travers tous les mécomptes et qu'il soit si facile de lui tendre des pièges toujours sûrs ?

Il n'en pourrait être autrement que si le cœur de l'homme cessait de battre et si l'idéal cessait d'illuminer son âme

IV.

Aimer, aimer, c'est être utile à soi ;
Se faire aimer, c'est être utile aux autres.

Ainsi s'exprime Béranger, ce poète à l'esprit pénétrant, à la raison si droite, au sens si ferme, que l'idéal chez lui s'est trouvé logé fort à l'étroit. Cette appréciation nette et concise est d'une incontestable vérité. C'est pour soi qu'on aime, c'est au profit du prochain qu'on est aimé.

Cependant, contraste merveilleux et qui témoigne de l'intime entrelacement de nos existences, celui qui aime se dévoue jusqu'à la mort et celui qui se fait aimer rayonne en dehors de lui. En aimant, je me développe, mon horizon s'étend, mon cœur se dilate, je m'élève, je deviens meilleur. En me faisant aimer, je fais jaillir l'eau du rocher et naître toute une riche moisson. Plus je me ferai aimer, plus j'accroîtrai la valeur sociale de ceux qui sont dans ma sphère d'attraction.

La femme qu'anime le désir de plaire, a plus de chances aujourd'hui d'attirer les hommages que la femme au cœur tendre et ouvert, quelque aimable qu'elle soit. Une Montespan triomphera d'une Lavallière, comme une Maintenon finira par l'emporter sur une Montespan. Mais, à mesure que le jour se fait en nos âmes et que la société s'améliore, Lavallière trouve plus de sympathie, madame de Montespan moins d'hommages, et madame de Maintenon paraît une plus triste et plus laide expression de son sexe et de son temps.

Plaire est la première loi de la nature féminine, nous l'avons reconnu. Mais ce n'est pas à dire que cette faculté doive tourner contre la femme et contre la société. Il est naturel que cette flamme vive et ondoyante éclaire et réchauffe, non qu'elle brûle et détruise. Sous des influences sociales favorables, le désir de plaire, mieux réglé, deviendra de plus en plus compatible avec l'amour et les sentiments supérieurs de justice et de bienveillance.

V.

En se plaçant au point de vue le plus général, il est vrai de dire : L'homme aime, la femme plaît. A elle les plaisirs que procure le don de charmer, à lui les célestes voluptés qui émanent de l'amour. On se tue rarement par coquetterie, par ambition. Rien n'est plus commun que de quitter la vie par amour. On peut mesurer l'une et l'autre de ces joies à la douleur que cause leur perte.

. Certes, en présence de cette inégalité dans le destin de deux êtres compléments l'un de l'autre et moitiés d'une même espèce, il semble de prime abord qu'en creusant au fond des choses on vienne de découvrir une criante injustice. Il en serait ainsi, et, dans le partage des joies permises au cœur humain, la femme serait lésée visiblement, si elle n'était mère.

La mère fait compensation à la femme et la remplit au double. Ici, elle laisse déborder sa tendresse, comme elle prodigue son lait à l'enfant qui épuise son sein, sans cesse renouvelé par la bonne nature. En tant que mère, la femme jouit d'une source abondante et délicieuse d'affections ; elle attise au foyer de son cœur les flammes les plus pures et les plus ardentes, au point de s'y consumer elle-même avec bonheur. Là est sa compensation, si large, si grande, qu'elle dépasse peut-être la part accordée à l'homme par les voluptés de l'amour. Aussi la maternelle nature a-t-elle donné par surcroît à l'homme les joies souveraines du penseur et du créateur dans la science, l'art et l'industrie.

Et maintenant, nous retrouvons l'équilibre dans la diversité et une sorte d'égalité dans les destins de deux êtres si différents, constituant chacun la moitié de l'espèce humaine.

La femme est belle et mère, l'homme est pensée et action. Comme beauté, la femme jouit des adorations de l'homme ; comme mère, elle arrive au plein épanouissement de son cœur. L'homme, par la vigueur et la richesse de son organisme, ressent fortement les joies suprêmes de l'amour ; il jouit de la femme en artiste, il agit sur le monde avec la puissance créatrice du génie et du mâle en action.

Les parts sont belles, et l'une des moitiés de l'espèce n'a rien à envier à l'autre ; car, homme ou femme, chacun a été satisfait selon sa mesure et comblé par le GRAND DONNEUR, suivant la religieuse expression de Montaigne.

CHAPITRE XX.

RÉSUMÉ EN FORME D'AXIOMES.

I.

Point de vue spécial à la femme.

Être femme, c'est plaire, c'est attirer par le charme et régner par la grâce.

—

Toute femme se croit, est ou doit être belle : tel est l'ordre de la rature.

—

La beauté est tellement la première raison d'être de la femme que, si la beauté lui manque, ses qualités s'effacent, et que, lorsqu'elle resplendit, ses imperfections disparaissent.

—

La femme veut plaire à tout prix : son instinct l'avertit que là est l'empire.

—

Si, lorsqu'on regarde la société, le désir de plaire est un élément de la plus haute importance ; il faut reconnaître que, sous le rapport du bonheur de l'invididu, la prédominance sans contre-poids de désir est généralement funeste.

—

Chez la femme, la sensibilité est si exquise, l'émotion s'accentue par des nuances si justes et si délicates, qu'elle peut mettre toute sa vie dans un regard. Ce n'est qu'un moment, mais ce moment est splendide comme un lever de soleil.

La femme est un moyen terme entre l'homme et l'enfant : elle tient beaucoup de celui-ci, et c'est là un de ses plus grands charmes.

Comme l'enfant, mobile, impressionnable, elle est toute au présent, qui la fait triste ou gaie, sombre ou lumineuse.

Comme l'enfant encore, curieuse, ardente, elle côtoie l'abîme par innocence, par besoin d'émotions, ou brûle ses blanches ailes à la lampe, cherchant le jour à la manière d'un papillon.

Quoi qu'il arrive, il est rare qu'elle ne garde pas de l'enfant l'air candide et ingénu.

— Le visage de la femme ne ment si bien que parce qu'il n'est pas fait pour le mensonge.

Maîtresse de ses sens, mais stimulée par le désir de plaire, la femme laisse percer sous le voile de la chasteté une pudeur virginale qui relève l'éclat de ses charmes.

—

Le plus souvent la mère triomphe de la femme ; quelquefois la femme efface la mère, parce que le désir de plaire l'emporte sur le cœur. De même, chez quelques hommes, l'ambition personnelle tue les sentiments de bienveillance et de justice.

—

La femme n'arrive au plein épanouissement du cœur que par la maternité.

—

La femme a pour le luxe un attrait naturel et partant invincible. Ce n'est pas un effet de la loi des contraires, mais de la loi des semblables.

Le luxe sied à la femme. Elle y est dans son élément à un double titre, pour la délicatesse de son organisme et parce qu'elle est la mère de l'amour.

Luxe signifie surabondance, et c'est ainsi que chez tous les êtres l'amour est le luxe de la vie. Au printemps la nature l'exprime avec magnificence.

Maladie, hiver, pauvreté, c'est tout l'opposé de la vie, de l'amour et du luxe. Aussi la femme ne peut-elle apparaître dans l'espèce que quand l'humanité est puissante par la science, l'art et l'industrie.

Qui dit femme, dit luxe : elle en est la véritable expression dans l'espèce humaine.

Madeleine est le produit fatal d'une société pauvre et de mœurs grossières.

Qui l'outrage est un ignorant, un barbare ou un pharisien.

Qui la plaint, est homme.

Qui la relève, imite Jésus le divin.

—

Autant les perceptions de la femme sont vives et nettes, autant sa réflexion est courte, et grande son impuissance à raisonner.

—

La femme a les clartés soudaines et les aveuglements profonds de la passion.

—

La méditation lui répugne, et la poursuite désintéressée du Vrai, du Bien et du Beau n'est pas son fait. Elle manque d'idéal.

—

Si dans l'ordre de l'intelligence, généraliser, abstraire, est impossible à la femme, dans l'ordre des sentiments, elle ne peut s'élever à la justice à cause de la prédominance de son impressionnabilité, de son désir de plaire et des instincts conservateurs de l'espèce.

L'homme se caractérise par l'action et la pensée; la femme, par la beauté et la maternité.

C'est par la femme que l'homme est quelque chose, et c'est pour elle qu'il fait le plus de choses.

II.

Axiomes relatifs à l'amour.

Pour l'homme, le premier (non le plus noble et le plus fort) aiguillon de l'amour, ce sont les sens; pour la femme, c'est le désir de plaire.

Lorsque l'instinct parle seul, l'amour ne peut aller bien loin ni bien haut.

—

Les joies tirées du domaine des sens sont courtes et superficielles; les voluptés, qui émanent du sentiment sont profondes et presque infinies.

—

Ce n'est pas un bandeau qui aveugle l'amour, mais le plein éblouissement de la lumière. L'amant voit en beau et ne voit que le Beau.

—

L'amour nous fait simples et confiants comme est l'enfant; il nous en donne l'admiration naïve et cette plénitude de joie de l'être en qui la vie surabonde.

—

La pierre de touche d'un amour digne de ce nom, c'est qu'il ennoblisse ceux qui l'éprouvent.

- Les souffrances de l'amour sont en proportion de ses joies : plus haut est le vol, plus profonde est la chute.

—

Peut-être est-il plus redoutable pour l'homme de jouir de l'amour que d'en souffrir. Combien ont péri dans les délices de Capoue ! Combien de chefs-d'œuvre sont dus aux douleurs et aux désespoirs suscités par cette passion !

—

L'amour ne constitue pas à lui seul l'âme humaine, et l'état de sublime extase dont il est la cause ne saurait persister.

—

Les transformations que subit l'amour sont en rapport avec la valeur des êtres qu'il a unis.

—

L'amour est plus grand chez l'homme que chez la femme, attendu que dans le premier il frappé un organisme plus puissant et qu'en la seconde l'impressionnabilité et le désir de plaire jettent de l'eau sur le feu.

—

L'homme seul a chanté et immortalisé l'amour par des chefs-d'œuvre, parce que lui seul l'a ressenti dans toute sa poésie.

—

Le pouvoir de la femme sur l'homme tient essentiellement à ce que l'amour le pénètre profondément, et qu'elle est pour lui la source d'une joie souveraine.

—

En ce qui touche le cœur, la nature paye au double à la mère ce qu'elle donne en moins à la femme.

—

L'idéal de la femme étant faible et son désir de plaire très vif, son choix dépendra surtout de son impressionnabilité et de l'occasion.

On courra moins risque de se tromper, en appréciant un homme d'après la femme qu'il adore qu'en jugeant une femme d'après l'homme qu'elle idolâtre.

———

Dans les sociétés inférieures, de même que la nature virile produit le guerrier, la nature féminine produit la coquette.

———

Le conquérant détruit et absorbe, la coquette n'aime pas : ni l'un ni l'autre ne peuvent se donner.

———

Ces personnalités monstrueuses doivent un jour disparaître, comme toutes les anomalies.

———

Le désir de plaire est une flamme qui doit vivifier, non détruire.

———

Naturellement lié au sort de la femme, l'amour s'élève en raison de la liberté dont elle jouit et du progrès de la sociabilité. Enchaîné, sans contrepoids aujourd'hui, l'amour n'aura d'essor normal que dans l'avenir.

—

Envisagé à son point de vue supérieur, l'amour est la cause la plus générale de l'ennoblissement de l'âme humaine et peut se définir : La recherche du divin dans l'humanité.

III.

Axiomes au point de vue social.

La condition sociale de la femme marque exactement le degré de civilisation d'un peuple.

—

La manière d'être de l'homme pour la femme témoigne pour ou contre lui.

—

De même que la femme est le premier moule

de l'homme, elle est ensuite sa contre-épreuve la plus nette,

—

Si l'homme ne se montre ni affectueux, ni compatissant, ni bon, ni juste envers la femme, pour qui le sera-t-il? qu'attendre de celui que n'ont pu toucher la douceur et la faiblesse, le charme et la grâce?

—

Dans les sociétés primitives, la femme n'exerce aucune influence, parce qu'elle n'a d'autre valeur que celle de génératrice.

—

La femme a deux fonctions capitales : la maternité, la beauté. Comme mère elle crée l'enfant, comme beauté elle fait l'homme.

—

L'action de l'homme s'exerce sur le monde

et la société. L'action de la femme a l'homme pour objet.

—

N'étaient la femme et l'enfant, créatures faibles, gracieuses et mobiles, qui lui révèlent son espèce sous un aspect différent du sien, l'homme serait demeuré brut et sauvage.

—

C'est au rayonnement de la femme, c'est à la lumière de l'amour que l'idéal de l'homme s'exalte pour le Beau, le Vrai et le Juste.

—

La société n'eût pas fait un progrès par l'initiative de la femme, comme il est vrai de reconnaître que sans l'action de la beauté et de la faiblesse de la femme, toute-puissante sur lui, l'homme vivrait encore dans les forêts, tatoué et couvert de peaux de bêtes.

—

Tant que les sociétés humaines seront sous

l'empire de l'instinct et de la violence, la femme sera fausse et rusée. Elle est le produit le plus délicat du milieu social, et l'instrument le plus sensible qui en marque le caractère.

—

Quand la justice, la fraternité et la paix, quand le travail, devenu fonction normale de l'homme, seront enfin la loi de ce monde, la femme sera tout à fait belle et pure.

—

Alors la conscience de la femme acquierra un degré de pureté égal à sa beauté; elle sera diamant. Alors son action sur l'homme opérera des prodiges, et l'amour sera élevé à toute sa puissance.

—

L'avènement du règne de la femme par le charme correspond au gouvernement de l'homme par la science et le travail.

FIN.

TABLE DES MATIÈRES.